歴史と理性と憲法と

憲法学の散歩道2

長谷部恭男

keiso shobo

目次

1 道徳対倫理――カントを読むヘーゲル……1
2 未来に立ち向かう――フランク・ラムジーの哲学……15
3 思想の力――ルイス・ネイミア……29
4 道徳と自己利益の間……43
5 「見える手」から「見えざる手へ」――フランシス・ベーコンからアダム・スミスまで……61
6 『アメリカのデモクラシー』――立法者への呼びかけ……77
7 ボシュエからジャコバン独裁へ――統一への希求……95
8 法律を廃止する法律の廃止……113
9 憲法学は科学か……127
10 科学的合理性のパラドックス……143
11 高校時代のシモーヌ・ヴェイユ……157
12 道徳理論の使命――ジョン・ロックの場合……171
13 理性の役割分担――ヒュームの場合……191
14 ヘーゲルからニーチェへ――レオ・シュトラウスの講義……207

あとがき 223
索　引 i

I

道徳対倫理——カントを読むヘーゲル

ヘーゲルが一八〇二年から一八〇三年にかけて公表した論稿に、「自然法の学問的取扱い方について Über die wissenschaftliche Behandlungsarten des Naturrechts」[†1]がある。彼は一八〇一年に、友人のシェリングの助けもあってイェナ大学に教職を得たばかりであった。

ヘーゲルがこの論稿で採り上げた論点の一つは、カントが『実践理性批判』(1788) で提示した定言命法の要請の妥当性である。カントは、冒頭の第一部第一章第七節「純粋実践理性の根本法則」で、次のように定言命法の要請を定式化している。[†2]

君の意思の格率が、つねに同時に普遍的法則を定立する原理として通用することができるように行為しなさい。

カントはこれに先立つ第四節「定理 三」で、次のように述べる。[†3]

理性的［存在］者たるものが、自分の格率を実践的な普遍的法則と考えなければならないとすれば、それを、内容に関してではなく、もっぱら形式に関して、意思を決定する根拠を含む原理として以外に考えることはできない。

カントが、定言命法の要請に反する、つまり普遍的法則としては成り立ち得ない格率の例として挙げるのは、「自分の資産をあらゆる確実な手段で増やすこと」である。[†4] この格率からすると、自分の手許に他人からの寄託物があり、その所有者は死亡していて、しかもその寄託物について何の遺言も残していない場合、それを横領しても構わないことになる。誰も気付く者はいない。

しかし、かりにこうした格率が普遍的法則として妥当しており、誰もがそれを承知しているとすると、誰も寄託をしようとはしなくなり、もはや寄託なるものが存在し得なくなる。つまりこの格率は、自己破壊的であり、普遍的法則としては妥当し得ない。

＊

ヘーゲルは異議を唱える。カントは寄託を含む財産制度が存在すべきことを所与の前提としている。しかし、それは内容を捨象し、もっぱら形式に依拠して普遍的法則を探究するというカント自身の立てた要請に反している。財産制度が存在すべきことが前提であればカントの言う通りであるが、財産制度が存在しない事態も、普遍的法則として妥当し得ないわけではない。

カントが言っているのは、「財産制度があるのであれば、それが存在しなければならない」、「財産制度が存在しないのであれば、それはあるべきではない」というただのトートロジーである。[†5]

そもそも内容から完全に切り離された純粋な形式に依拠して普遍的道徳法則を定立することなど不可能である。たとえば、「貧者を援助しなければならない」という格率は、この格率が普遍的法則として実現されれば、貧者が根絶されるために存立し得ず、かりに存立し得るとすればあらゆる者が貧者である場合であって、その場合にも無意味となるため存立し得ない。「祖国を守るべきだ」という格率は、祖国が人によってまちまちであるために互いに相殺し合ってやはり普遍的法則として実現され得ない。[†6]

結局のところ、しきりに倫理（Sitten）について語るカントが説いているのは、倫理の原則ではなく、没倫理（Unsittlichkeit）の原則である。[†7]

*

内容から完全に切り離された形式なるものを道徳法則について観念し得るか否かは、たしかに問題である。

カントが目指していたのは、「反社交的社交性」[†8]を本質的性向とする人間に、社会生活を可能とする基盤を与えることであった。財産制度なくして社会生活はあり得ない以上、カントがそれを所与の前提としたことには十分な理由がある。最終的な目的に応じた抽象化の程度が要請されるのであって、とにかく中身をすべてくり抜けばよいというわけではない。ヘーゲルの批判は、フェアとは言いがたい。

もっとも、カントの言う定言命法の要請が、人間社会に普遍的道徳法則を与えるには不十分であることは、ヘーゲルの指摘する通りである。

定言命法の要請は、「自分の資産をあらゆる確実な手段で増やすこと」とか、「お金に困っていると思ったらお金を借り、いつになっても返せないのが分かっていても、返すと約束しよう」[†9]等という、普遍的法則として妥当していたら――つまりそうした法則が妥当していることをすべての人が承知していたら――矛盾を起こして自己崩壊に至るような格率を採用可能な格率群の中からあらかじめ排除することを役割としている。そうした自己破壊的な格率が排除されたとしても、人々はそれぞれ多様で相互に衝突する格率を選択するものであり、人々の道徳判断は激しく衝突する。

カントが『人倫の形而上学』において、定言命法の要請に加えて、人々の自由な判断と行動とが相互に両立するよう保障する客観的な法秩序の定立を求め、社会生活を送ろうとするすべての人々がこの客観的法秩序の支配に服するよう要求したのもそのためである[†10]。人が自由に行動する余地を各自に平等に割り当てる客観的法秩序の枠内で、はじめて人々は、平和な社会生活を送ることができる。

ヘーゲルが気付いた論点は、カントも当然気が付いていた。

しかし、カントのこうした回答は到底、ヘーゲルが受け入れられるものではなかったであろう。ヘーゲルにとっては、カントの道徳格率の観念が没倫理（Unsittlichkeit）であることが、根底的な問題であった。人々が主観的に自らが善しとするところに即してそれぞれ勝手に格率を定立し、それが相互に激しく衝突するという事態は、主観主義・個人主義の行き過ぎであり、ヘーゲルにとって、あってはならない事態である。

そうした事態の出現を阻止するには、カントの目指した方向とは逆に、あるべき道徳法則の内容を濃密化すると同時に客観化・統一化する方向を目指す必要がある。ここで登場するのが、ヘーゲル特有の「人倫 Sittlichkeit」の観念である。

＊

ヘーゲルはチュービンゲン大学の神学部に学び、キリスト教神学者として出発した。初期の神学にかかわる論稿において特徴的なのが、キリスト教、それもプロテスタンティズムが、社会生活を支える公共宗教となる可能性への楽観的な見通しである。

プロテスタンティズムは各人がそれぞれ内心において信仰するにとどまるものではない。人は神に分け与えられた神性を発揮し、社会生活においてそれを外面化し、宗教的コミュニティを形成することができる。かくして人は、個人的にも社会的にも、神に近づくことが可能となる。

一七九三年に執筆された論稿で、彼は次のように述べる。[†11]

人民の宗教［公共宗教］は、どのように構築されねばならないだろうか。すなわち（1）消極的には、人々が宗教の文字面や慣行にこだわる機会を極小化し、（2）積極的には、人々が理性的な宗教へと導かれ、それを受け入れるようになるには。

道徳哲学が道徳的行動からなる聖性の理念を高く掲げ、道徳的尽力が十全に果たされるべきだとの理念を措定すると、そんな理念は人の達し得る域を超えているとの反論が向けられる……人は純粋な道徳法則の尊重以外の動機、その肉性と結びついた動機付けを必要とするのだという反論である。こうした反論は、人がこの理念に向けて、必要とあらば永遠にでも、努力を続ける必要はないとの結論を証明しはない。大部分の人々からは、純粋な道徳的動機ではなく、単なる遵法性を引き出すことで満足するしかないとの結論を。

一七九三年から一七九四年にかけて執筆された別の論稿では、ヘーゲルは次のように述べている。[†12]

宗教の本来の役割は、立法者としての神の観念を通じて、われわれをして倫理的に行動するよう促すとともに、実践理性の要請の遂行からわれわれが得る満足――とりわけ実践理性が措定する究極目的である最高善に関する満足――をいや増すよう督励することである。宗教にはそれが可能であるがゆえに、その目的は俗界の立法者や行政当局の目的と両立するし、後者も具体的措置を通じて宗教に対する人々の自然な欲求を満たすことができる。

彼の言う「人倫」は、人々の社会生活にかかわる外的行動の側面のみを規律する近代的な「道徳morality」ではない。[†13] 各人が内心において何を導きとし、どのような人生を理想とすべきか、いかなる徳を備えるべきかという倫理の問題と、社会生活にかかわる道徳の問題とは、ヘーゲルにとって直結している。彼が共同体主義の祖の一人とされることには、十分な根拠がある。[†14]

［人倫という］真の絶対的な倫理的生活は、それ自体のうちに無限性と純粋な個人性一般とその最高度の抽象性とを合わせ持つのであるから、それは直ちに個人の倫理的生活でもある。逆に、個人の倫理的生活の本質は真の（普遍的な）絶対的な倫理的生活である。個人の倫理的生活は全体の中の一鼓動であり、それ自体が全体でもある。われわれは、この連関の中で、過去において忘れ去られていた言語上の指針が完全に正当であることに気付かされる。すなわち、絶対的なる倫理的な生活（Sittlichkeit）は、その本性において普遍的であり、エートス（Sitten）であることである。かくして、倫理的生活を示すギリシャ語（ethos）とドイツ語とがその本性を見事に示す。……こうした生のあり方は、道徳（Moralität）ということばで表現することはできない。[†15]

人倫はすべての個人に共通する倫理的生き方を示しており、したがって、各人に固有のものではあり得ない。エーテルが自然の事物のすみずみまで浸透し、各事物の本質と不可分であるように、人倫は各人の本質であると同時にいかなる個人の特質でもない[†16]。個人の内心の倫理と社会生活における道徳とを切断したカントの道徳法則は、せいぜい Moralität にとどまる。それは、公的生活から切り離された市民社会に行き渡る道徳、平穏に社会生活を送る市民が内心においてそれぞれ異なる倫理を奉ずる個人主義的社会で行き渡る道徳である。

ヘーゲルは、ローマ帝国において徐々に公共心が衰え、人々が財産や契約にかかわる法的関連の枠組みの中で、偶然の私的利害にのみ執心するようになる歴史的経緯を描いている[†17]。それは古典古代のギリシャ・ローマにあった倫理的な社会生活が失われていく過程である。

カール・シュミットは、「最高度の意味で政治的 im größten Sinne politisch」な哲学者であったヘーゲルが描くブルジョワの姿を『政治的なるものの概念』の中で改めてとりあげている[†18]。

［ヘーゲルによれば］ブルジョワとは、非政治的でリスクのない私的領域を離れようとしない個人である。彼はその財産と私的所有の合法性に関して、全体に対抗する個人として行動する。彼は、政治的に無である代償を平和と収益の果実に、そして何よりその享受の完全な安全性に見出す。そのため彼は、勇敢さを必要とせず、暴力的死の危険を免除される。

しかし、人々が覚醒して自身のうちに潜む本性に気付き、それを外的に十全に開花させたとき、切り離されたバラバラの個人の集まりにすぎなかった社会は、真の絶対的な倫理的生活へと変貌を遂げる。各人にとっての卓越性の達成が可能となる。法秩序による外的制約なしに、人々は倫理的に共に生きることができる。

周知のようにヘーゲルは、『法哲学要綱』の序文で、反語的かつ屈曲した表現で、人倫は真の敬虔と一致すると述べる[†19]。

正しい種類の敬虔であれば、内面から理念の十全な展開と開かれた充溢へと白日の下に歩み出で、内面的崇拝から、感情の主観的な形式を超えて高められた即自かつ対自的なる法と真理の尊崇へと至るであろう。

個別の原子的主観の衝突を超えてすべてが有機的に結びつく全体を直感的に透視するヘーゲルからすれば、カント流の哲学は、木を見て森を見ない、なお真正の哲学には達していない段階の反省哲学(Reflexionsphilosopie)である。カントが両立させようとした自由は、各人が何であれやりたいことをやる恣意(Willkür)の可能性にすぎない[†20]。

真の自由とは、他のなにものにも依存することなく、おのれ自身の規定の下で自身と同一である無限にして普遍的なるもの、つまり理性的なるものである[†21]。自由であるためには、われわれ自身のうちに潜む本性に忠実に、かつそれを十全に開花させるよう行動する必要がある。それは、社会生活の要請と個人の自律的行動とが完璧に調和する人倫の下においてのみ可能である。[†22] そこでは、義務はわれわれを解放し、自由にする。

＊

プロテスタンティズムに限らず、特定の信仰を通じて人々がともに、私的にも公的にも、限りなく計り知れない神に近づくことができるとの楽観論を共有する人々にとっては、ヘーゲルの人倫の観念はいまだに魅力的なのかも知れない。しかし、価値観・世界観が分裂し、相互に比較不能となった近代以降の社会において、それはもはや回復不可能となった前提である。[†23] すべてが有機的に結びつき、万人に共有される全体は、もはや存在し得ない。

現代の日本の公法学が継承したのは、カントの法理論であってヘーゲルのそれではない。[†24] それには、それなりの理由があったと考えるべきであろう。個人の倫理と社会生活の道徳が一体化することは、公共政策の審議と決定が効果的に行われるための、不可欠の前提ではない。裏返して言えば、実現不可能な濃密な価値観・世界観の共有を前提とするヘーゲル諸派の議論は、多元的な現代社会においては周縁的な批判としてしか存立し得ない。[†25] Unsittlichkeit の世界を生きること、それがわれわれの宿命である。

注

†1 'On the Scientific Ways of Treating Natural Law, on its Place in Practical Philosophy, and its Relation to the Positive Sciences of Right' in GWF Hegel, *Political Writings* (Laurence Dickey and HB Nisbet eds, Cambridge University Press 1999) 102–80. グロックナー版全集では第一巻の四三五頁以下（第四版、1965）に収められている。

†2 坂部恵・伊古田理訳『カント全集7　実践理性批判／人倫の形而上学の基礎づけ』（岩波書店、二〇〇〇）一六五頁［5: 30］。訳に必ずしも忠実に従っていない。

†3 同上一五八頁［5: 27］。

†4 同上一五九頁［5: 27］。

†5 Hegel（†1）123–25.

†6 Ibidem, 127–28.

†7 Ibidem, 125.

†8 カント「世界市民的見地における普遍史の理念」福田喜一郎訳『カント全集14　歴史哲学論集』（岩波書店、二〇〇〇）八頁［8: 20］。

†9 カント「人倫の形而上学の基礎づけ」平田俊博訳『カント全集7』（岩波書店、二〇〇〇）五五頁［4: 422］。

†10 この間の事情については、さしあたり拙著『憲法の円環』（岩波書店、二〇一三）第四章「カントの法理論に関する覚書」および『憲法の論理』（有斐閣、二〇一七）第一章第四節「権利の機能――その3」参照。定言命法の要請のこうした限界は、しばしば見逃され、誤解されている。誤解の例として、Thomas Nagel, *Equality and Partiality* (Oxford University Press 1991) 48 参照。

†11 'The Tubingen Essay' in GWF Hegel, *Three Essays, 1793–1795* (Peter Fuss and John Dobbins eds and trans, University of Notre Dame Press 1984) 45–46.

†12　'Berne Fragments' in GWF Hegel, *Three Essays, 1793–1795* (Peter Fuss and John Dobbins eds and trans, University of Notre Dame Press 1984) 93.

†13　宗教改革後の宗派間の激烈な対立のただ中から、人々の間に平和な社会生活を可能とする基盤として、アリストテレス的倫理から切り離され、人の社会的関係のみを規律する近代的道徳が生まれた経緯については、たとえばJames Tully, 'Introduction' to Samuel Pufendorf, *On the Duty of Man and Citizen According to Natural Law* (James Tully ed, Michael Silverstone trans, Cambridge University Press 1991) xvi–xxiv 参照。

†14　バーナード・ウィリアムズは、ジョン・ロールズに対する共同体主義者の批判は、カントに対するヘーゲルの批判に対応すると指摘する (Bernard Williams, *In the Beginning Was the Deed* (Geoffrey Hawthorn ed, Princeton University Press 2005) 31)。

†15　Hegel (†1) 159.

†16　Ibidem.

†17　Hegel (†1) 147–52.

†18　Carl Schmitt, *Der Begriff des Politischen* (7th edn, Duncker & Humblot 2002) 62; cf. Hegel (†1) 151. シュミットは、二〇世紀においては一九世紀のような政治的・普遍的国家と非政治的な市民社会との分断はあり得ず、両者は民主的に統合されざるを得ないと言う (Schmitt, *Der Begriff* 26)。

†19　GWF Hegel, *Grundlinien der Philosophie des Rechts* (6th edn, Suhrkamp 2000) 19–20.

†20　Ibidem 65–68 [§15].

†21　Ibidem 74–75 [§§23–24].

†22　Ibidem 295–98 [§§147–49].

†23　共同体主義者として知られるアラステア・マッキンタイアが、共通善の回復不能性について、大多数の共同体主義者が誤っているとしている点については、さしあたり、拙著『憲法の円環』(†10) 第二章第三節「近

代国家、公共財、共通善」参照。

†24　この点については、さしあたり、拙著『憲法の論理』（†10）第一四章第二節（2）「美濃部学説の位置」参照。ヘーゲル左派の影響力も、近年は退潮気味である。

†25　Williams（†14）34.

2　未来に立ち向かう――フランク・ラムジーの哲学

フランク・ラムジーは一九〇三年二月二二日に生まれ、一九三〇年一月一九日、二六歳で死去した。死因はレプトスピラ菌（leptospire）の感染による多臓器不全であると推測されている。[†1] 父親のアーサー・ラムジーは、ケンブリッジ大学モードリン・コレッジで数学を教え、副学寮長（President）も務めた。フランクの弟マイケルは、一九六一年に第一〇〇代のカンタベリー大司教となった。妹のマーガレットは、オクスフォード大学で経済学を教えた。

フランクは、一九二〇年秋、一七歳でケンブリッジ大学トリニティ・コレッジに入学する。一九歳になろうとする一九二一年暮れから翌年にかけて、チャールズ・ケイ・オグデンの示唆で、ルートヴィヒ・ウィトゲンシュタインの『論理哲学論考』を英訳した。彼の訳は、ウィトゲンシュタイン自身の校訂を経て、オグデン訳として一九二二年、出版された。

一九二四年、彼は二一歳でキングズ・コレッジのフェロウに選出される。ジョン・メイナード・ケインズの企てた人事である。他のコレッジの出身者をフェロウとするのは、コレッジの学則からして例外であった。しかしフランクは、一二対一の圧倒的多数で選考された。ケインズは、学則について面倒くさい解釈論を振り回しがちな法学者をコレッジのメンバーとすることに断固反対したと言われる[†2]。

＊

一九三〇年に死去するまでの短い研究生活で、フランク・ラムジーは、哲学、数学、経済学、意思決定理論等、さまざまな分野で第一級の業績を残し、その影響は現在でも廃れていない。哲学の分野で未公表のまま残された遺稿に、「全称命題と因果性 General Propositions and Causality」がある[†3]。タイトルは、ラムジーの死後、彼の業績をまとめて論文集として編纂した友人のリチャード・ブレイスウェイトが附したものである[†4]。ただ、このタイトルでは、ラムジーの主張の内容は、ストレートに伝わらない。

ラムジーは、全称命題と呼ばれるものには、二つの種類があるという観察から出発する。第一の種類は、単称命題の連言と等値である全称命題である。次の命題がその典型である。

（1）この本棚に並べられた本はすべて法律書である。

本棚に並べられた本にa、b、c、……と名前を付けていく。最後の本がtだとすると、命題（1）

は、次の連言命題と等値である。

（2）aは法律書である、かつ、bは法律書である、かつ……tは法律書である。

（1）および（2）が真であるか否かは、aからtまでの本を一つ一つ調べることで判明する。第二の種類の全称命題は、普遍命題である。自然科学の法則を含めた一般法則に相当する。たとえば、次の命題である。

（3）銅の棒はすべて、加熱されると膨張する。

この命題の真偽は、個別の銅の棒を一つ一つ調べることでは判明しない。過去現在未来に存在する無数の銅の棒に関する言明だからである。同じことは、

（4）すべての人は死ぬ。

についても言える。われわれは、自分自身を含めてすべての人が本当に死ぬかどうか調査して判定することはできない。一〇〇年後、二〇〇年後の人々はもとより、現に生きている人々に限ったとして

も、すべての人が本当に死ぬかどうかを確認することはできない。他のすべての人をことごとく殺したとしても、自分自身が残っている。自分が本当に死ぬかどうかは誰が確かめてくれるだろうか。[†5]

かつてはラムジーも、普遍命題は無限に続く連言命題であると考えていた。一九二七年に公表された論稿「事実と命題」でラムジーは、「あらゆるxについてfxである」――記号であらわすと(x)fx――は、fx_1かつfx_2かつfx_3かつ……という無限の連言命題と等値であるとのウィトゲンシュタイン氏の主張に同意すると述べる。[†6]

しかし、一九二九年の「全称命題と因果性」で、ラムジーは立場を変えた。いくつかの理由がある。[†7]

第一に、無限に続く連言命題は表現する――表現し切る――ことができない。

第二に、われわれは普遍言明を無限に続く連言命題として使用することはない。われわれが連言命題として使用するのは、(1)のように対象が限定された全称命題だけである。

第三に、普遍命題は、われわれが知っていること、知ろうとすることを超えている。それが真であるか否かをわれわれが直接に知ることはない。

第四に、確実性の程度(degree of certainty)が問題となるのは、個別の事実または個別の事実の集合についてである。無限の事実について人が確実な信念を持つことはあり得ない。

要するに、(x)fxとしてあらわされた普遍命題は、連言命題にとてもよく似てはいるが、連言命題としては語り得ないものである。「語り得ないものは語り得ない」とラムジーは言う。[†8]

言い換えれば、「普遍命題」は命題ではない。「普遍命題」が命題であり、かつ、真であり得るためには、ウィトゲンシュタインが『論理哲学論考』で主張したように、それは個々の事実と対応する――個々の事実の像（picture）である――要素命題から構成されるものでなければならないが、「普遍命題」は要素命題（またはその連言）に還元されることはない。「普遍命題」はそもそも命題ではない。[†9]

では、それは何であろうか。ラムジーがここで見せるのは、プラグマティスト的転回である。[†10]ラムジーは、理論的な構成や整合性にかまけて、人間の現実を忘れるべきではないと考える。全称命題の姿形をした一般法則を要素命題に還元することはできない。しかし、そうした一般法則は、われわれの思考を単純化してくれるだけではなく、われわれの思考の不可欠の構成要素でもある。われわれが称賛したり、非難したり、または討議したりするとき、一般法則にもとづいて思考せざるを得ない。

「すべての人は死ぬ」という一般法則から「ドナルド・トランプは死ぬ」という単称言明を抽き出すとき、われわれは個別の事実に関する信念を述べてはいない。われわれは、一般法則からいつもそう推論するという態度が表明されている。[†11]同じことが、科学法則や因果法則についても当てはまる。

それらは、われわれが問題に出会って判断を下すための、未来に立ち向かうためのルール（の体系）である。[†12]われわれは、そうしたルール（の体系）を信認（trust）している。[†13]一般法則から抽き出された個別の事実に関する判断は、命題としてあらわされる。それは事実に照らして真偽が判定される。[†14]

一般法則は命題ではない。事実とは対応しない。しかし、一般法則として示される信念は、評価の対象とはなる。すべての人は死ぬと私は信じている。その証拠を挙げることもできる。ただし、私が知っている限りで過去の多くの人々が死んだことは、すべての人が死ぬことを証明しはしない。

ウィトゲンシュタインが指摘するように、帰納に論理的正当化はあり得ない[†15]。毎日、東から日が昇ってきたことは、明日以降も東から日が昇ることを論理的に帰結しない。しかし、帰納的推論抜きで人はこの世界を生きることはできない。それは人の思考の不可欠の要素である。

人がすべて死ぬことを心得ている私は、自動車を運転するときも歩行者をはねないよう慎重に運転する[†16]。ビルの屋上から飛び下りることも、人を突き落とすこともしない。すべての人が死ぬわけではないと考える人もいるかも知れないが、そうした人と私の判断の違いは純粋に主観的な、単なるすれ違い——「私はアイスクリームが好き」「私は嫌い」——ではない。二つの信念は衝突している。

*

ラムジーの分析は、他の「命題」にも及ぶ。「pならばq」という仮言命題は、pが真であり、qが偽である場合にのみ偽となると、論理学の入門書では説明される[†17]。したがって、たとえば、

(5)日本列島が大きな鯰に支えられているならば、2+2=4である

は真である。前件（日本列島が大きな鯰に支えられている）は偽である。このことだけからして、（5）は真である。ただ、この命題の問題点は、前件（日本列島が大きな鯰に支えられている）と後件（2＋2＝4）の間に全く何の関係性もないことである。こうした「論理的」分析にどのような意味があり得るだろうか。

ラムジーは、「pならばq」は、pに遭遇したときはqと判断するという判断のルールを示しているはずだと考える。[†18] それが現実に生きる人間の論理である。日本列島が大きな鯰に支えられていると私が考えることがない以上、（5）は何の役にも立たない命題である。

われわれがpという信念を抱き、それにpならばqという一般法則を当てはめてqという結論を信念として抱くとき、そこで機能しているのは、無限の連言命題ではなく、個別の事実に関する判断を抽き出すためのルールである。さまざまな証拠によって支えられているとき、それは適切な信念であり、それをあらわすルールとなる。pが真でqが偽のときにのみ偽となる仮言命題が使用されているわけではない。

不適切な信念が抱かれることももちろんある。人々がみな、苺を食べると腹痛を起こすと信じているとしよう。[†19] 人々は、そのため、決して苺を食べようとしない。このときも、「苺を食べると、腹痛を起こす」という一般法則は、事実を示してはいない。それは人々の信念（の体系）から導かれる判断のルールである。ラムジーは、そうした信念の確実さ――ラムジーは「確率」と言う――を知るためには、人々は実験をするべきだ、つまり苺を食べるべきなのだと言う。実験を重ねた結果として人々が信じるようになるものをプラグマティストの哲学者パースは真理と呼んだことを、ラムジーは指摘する。[†20]

＊

ラムジーが属したサークルの一つに「ケンブリッジ懇談会 the Cambridge Conversazione Society」がある。「使徒たち the Apostles」とか、単に the Society と呼ばれることもあった。著名な使徒として、ケインズ、バートランド・ラッセル、G・E・ムーア、リットン・ストレイチー、レナード・ウルフ、E・M・フォースターを挙げることができる。

会合ではいつも、予め設定されたテーマでペーパーが読み上げられる。一九二五年二月二八日にラムジーが会合で読み上げたペーパーが、ブレイスウェイト編の著作集に収められている。[†21]この年の八月に、彼は結婚を控えていた。

彼は冒頭で、使徒たちの間で懇談の対象となり得る、第一級の重要性を持つテーマは、もはや存在しないと言う。われわれ使徒は、知るに値するのは科学（science）だけだとの結論を得ている。[†22]ところが、われわれの大部分は科学については素人だ。情報を交換することはできるだろうが、有益な討議は無理だ。可能なのは学習すること、それだけである。

懇談のテーマとして想定できるものとして、科学、哲学、歴史、政治、心理学、美学がある。科学、歴史、政治は専門家だけが有益に討議することができる。非専門家は話を聴くだけだ。哲学も素人にとっては、技術的になりすぎた。しかも、現代のもっとも偉大な哲学者——ウィトゲンシュタイン——によると、哲学とは問題を探究する学術理論の総体ではなく、病に陥った人々を治癒する活動にほかならない。論理学を核心とする技術的な哲学以外に、人と自然の関係、道徳の意味を論ずる哲学もあると言われるかも知れないが、これらは真剣に取り組もうとするならば、結局、科学か技術的哲学か、あるいはナンセンスに還元される。

ラムジーは、ラッセルの直近のパンフレット『私が信ずること』[†23]を例として取り上げる。ラッセルはこの本で、自然哲学と価値哲学を論ずる。自然哲学でラッセルが主として論ずるのは、現代の物理学、生理学、そして天文学である。それを討議できるのは、相対性理論、原子論、生理学、そして数理論理学の十分な知識のある人だけである。おそらく、ラッセルの挙げる論点の中で唯一討議可能なテーマは、星々と人との物理的な大きさの差異であろう（ラムジーはペーパーの末尾でこの論点を取り扱う）。

価値哲学に関してラッセルが述べるのは、人々は何を欲求するか、それはいかにして満たされるかである。つまり、それは心理学に還元される。ラッセルの価値哲学には異論もあり得る。しかし、神学にも客観的倫理学にも、真の研究対象が欠けていることをわれわれは理解している。そして、本格的な心理学について討議し得るほどの専門知識をわれわれは持ち合わせていない[†24]。

美学についても、われわれが議論するとき実際にしているのは、各自の心理的な感覚経験を突き合わせているだけで、すれ違いに終わっている。ある美術作品が別の作品より善いか否かを議論することはできない。

かくして、本当に議論すべきテーマは残されていない。科学の進展と宗教の衰退がこうした状況をもたらした。かつての一般的問題群はすべて、技術的問題かナンセンスと化した。

*

これで終わり、というわけではない。ラムジーは、ラッセルが提示する、宇宙と人間の規模の差異という論点に立ち戻る。ラッセルは宇宙の巨大さと人間の微小さを引き比べて、悄然としている。ここで問題となるのは、ラッセルの本のタイトル――「私が信ずること」――にもかかわらず、何を信ずるかではなく、何を感ずるかである。

ラムジーは、他の使徒たちと違って、天空の巨大さに向き合っても、劣等感を抱くことはないと言う。星々は巨大だ。しかし、星々は考えたり、愛したりはできない。私が感銘を受けるのは規模ではなく、思考し愛する能力だ。

私の世界は遠近法で構成されている、その前面を占めるのは人間であり、星々は3ペンス硬貨くらいにしか見えないとラムジーは言う。時間も同じだ。いずれ宇宙は冷え切り、すべては死滅する。しかしそれは随分と先の話で、現在価値に割り戻せば、ほとんど意味がない。遠い未来の宇宙が無に帰すからといって、現在の世界の価値がそれだけ失われることはない。私の世界の前面を占める人間を、私は興味深く、概して素晴らしいと思う。今現在の世界は、愉しくわくわくする世界だ。

世界は悄然とさせるものだとあなた方は考えるかも知れない。私はあなた方をかわいそうに思うし、あなた方は私を軽蔑する。私にはそうする理由があり、あなた方にはない。あなた方が私を軽蔑する理由があるとすれば、あなた方の感覚が事実に対応しており、私の感覚はそうではないときだけだ。私の感覚もあなた方の感覚も、事実と対応してはいない。事実自体は善でも悪でもない。ただ、事実はあなた方を悄然とさせ、私をわくわくさせるというだけだ。私が、あなた方をかわいそうに思うことには理由がある。わくわくすることは悄然とすることより愉しいことだし、さらにそれは、あらゆる活動に関して善いことだから。[†25]

＊

事実と対応しない感覚についても、われわれの人生への向き合い方についても、善し悪しの評価をすることは可能である。ラムジーは、倫理的価値判断は意味をなさない（nonsensical）とする情緒主義者ではなかった。[†26]

ブレイスウェイトは、ラムジーの人柄について、次のように述べる。[†27]

彼は、仲間すべてに素晴らしい影響を与えた。人の長所を認め、謙虚で、人生の楽しみを増した。座をしらけさせるような人間ではなかった。彼ほど悪意のない人間には出会ったことがない……愚か者だと思われる人々を遠ざける才能を持ち合わせていたが、目立たぬようにそうすれば、やたらと怒りを買うこともない。

ラムジーが短く、しかし幸福な生涯を送ったことが分かる。

注

†1 Cheryl Misak, *Frank Ramsey: A Sheer Excess of Powers*（Oxford University Press 2020）424–25. 彼の名は、邦語では「ラムゼイ」と表記されることもあるが、原語の発音により近いのはラムジーである。

†2 Ibidem 179.

†3 Reprinted in Frank Ramsey, *Philosophical Papers*（DH Mellor ed, Cambridge University Press 1990）145–63. general proposition は、直訳すると「一般命題」であろうが、ラムジーがこの論稿で検討の対象としているのは、全称命題である。なお、勁草書房から同書の邦訳『ラムジー哲学論文集』伊藤邦武・橋本康二訳（一九九六）が刊行されている。

†4 Richard Braithwaite（1900–90）は、キングズ・コレッジのフェロウ（1924–90）。ケンブリッジ大学のナイ

トブリッジ道徳哲学教授を務めた（1953–67）。

†5　関連してラムジーは、同じ一九二九年に執筆された論稿「哲学」で、「われわれは斑点（patch）を無限の点の集合として定義することはできない」と言う（Frank Ramsey, 'Philosophy' reprinted in Ramsey（†3）4）。

†6　Frank Ramsey, 'Facts and Propositions' reprinted in Ramsey（†3）48–49. 科学法則をあらわす普遍命題が無限の連言命題と等値であるというテーゼは、カール・ポパーの反証主義の出発点でもある。

†7　Ramsey（†3）145–46.

†8　ウィトゲンシュタイン『論理哲学論考』の6.53「語り得ること、つまり自然科学の命題以外は語らぬことto say nothing except what can be said, i.e. propositions of natural science」が意識されている。ラムジーはさらに続けて「語り得ぬものは、口笛で表現することもできない」と言う（Ramsey（†3）146）。ウィトゲンシュタインは、口笛の名手であった。

†9　ラムジーは、命題は事実と対応する像であるというウィトゲンシュタインの理論を丸ごと受け入れたわけではない。真の命題が事実と対応することは理解できる。しかし、偽の命題は何と対応するのか（偽事実か？）、選言命題はいかなる事実と対応するのか（選言的事実か？）、理解は困難である（Frank Ramsey, 'Critical Notice of L. Wittgenstein's "Tractatus Logico-Philosophicus"' reprinted in his *The Foundations of Mathematics and other Logical Essays*（Richard Braithwaite ed, Routledge and Kegan Paul 1931）278–79）。

†10　Nils-Eric Sahlin, *The Philosophy of F.P. Ramsey*（Cambridge University Press 1990）106; Misak（†1）404. ラムジーは、プラグマティズムの父と呼ばれるパース（Charles Sanders Peirce, 1839–1914）の著作に親しんでいた（Misak（†1）143–44）。ウィトゲンシュタインが後期哲学において遂げたプラグマティスト的転回は、ラムジーの影響によるものと見る余地がある（ibidem, 364–66; cf. Ludwig Wittgenstein, *Philosophical Investigations*（3rd edn, GEM Anscombe trans, Blackwell 1976）§81）。

†11　Ramsey（†3）146.

†12 Ibidem 149.

†13 Ibidem 150.

†14 Ibidem 159.

†15 『論理哲学論考』6.3631。

†16 Cf. Misak（†1）405.

†17 たとえば、近藤洋逸・好並英司『論理学入門』（岩波書店、一九七九）三一-三四頁。『論理哲学論考』5.101参照。

†18 Ramsey（†3）156–57.

†19 Ibidem 161.

†20 Ibidem.

†21 Frank Ramsey, 'Epilogue' in Ramsey（†9）287–92; Ramsey（†3）245–50. 'Epilogue'は、ブレイスウェイトが附したタイトルである。

†22 †8で引用したウィトゲンシュタインの言明（『論理哲学論考』6.53）参照。

†23 Bertrand Russell, *What I Believe* (Routledge 2014, first published in 1925).

†24 ラムジーは一九二四年三月から一〇月までウィーンに滞在し、フロイトの弟子の一人、テオドア・ライク博士の精神分析を受けている（Misak（†1）162–70）。

†25 Ramsey（†3）249–50.

†26 Misak（†1）219–20.

†27 Quoted in Margaret Paul, *Frank Ramsey (1903–1930): A Sister's Memoir* (Smith-Gordon 2012) 184.

3 思想の力——ルイス・ネイミア

『神と自然と憲法と』18「若きジョン・メイナード・ケインズの闘争」で紹介したように、ケインズは、世界を支配するのは思想であるとし、それに比べて既得権益の影響は誇張されているとする。[†1] これと対蹠的な観点に立つのが、歴史家のルイス・ネイミアである。ネイミアによると、思想や原理と言われるものはすべて、人間の真の動機を覆い隠すためのイデオロギーにすぎない。歴史を動かすものは、別にある。

ネイミアは、イギリス議会史研究のありようを変革したと言われる。時につれて変化する事実を描くのではなく、それぞれの時代の個々の政治エリートを詳細に研究することこそが、歴史家の役割である。テューダー朝史研究で知られるサー・ジョフリー・エルトンは、次のように述べる。[†2]

［かつては］議会に関する物語は、憲法上の自由に関する物語で、それは時代を経て着実に成長し、闘争は一七世紀に決着がついた。庶民院の興隆、特権の確立、財政の統制、不平・不満の救済——それらすべての成果は、代表制の究極の勝利へと至る。議会制定法のうち関心の対象とな

るのは、こうした憲法政治の歴史に組み込み得るものに限られるし、詳細な検討の対象となる活動は、議員の独立性の強化を示すものだけであった。……一九二九年、ルイス・ネイミアが、なぜ人は議員になるのかと問いかけ、その問いに対して、少なくとも一八世紀中頃の議員の大部分は、所属政党や［王権の抑制という］政策とは無関係の事情で議員になったのだと答えたことで、上述のような政治と政党に関する心地好い物語は、深刻な打撃を受けた。選挙を焦点とする議会史研究の時代、多様な人物史の分析に信を置く時代が、こうして幕を開けた。数を増す研究者たちによって、下院議員たちの個人生活・家族生活の秘密が明らかにされ、議会の役割は社会構造に支えられていると結論付けられた。……議会政治は、立憲主義とも、自由とも、さらには（少なくとも一八世紀末までは）政党とも無関係で、すべては個人的な立身出世と栄達のためであったと考えられるようになった。

ネイミアの研究手法は、「ネイミアするNamierise」ということばを生み出した。ある制度の歴史を、関係する人々の集合的伝記（prosopography）を描くことを通じて分析する手法である。[†3]イギリスのゴードン・ブラウン元首相は、マーガレット・サッチャー政権下における公共サービスの理念の衰退は、「すべては思想や世論ではなく、エリートたちの策謀の帰結」だとするネイミア一派の有害な影響に起因すると述べている。[†4]

＊

ネイミアは一八八八年、分割されたポーランドのロシア領内で、ルドヴィク・ベルンシュタイン（Ludwik Bernstein）として生まれた。父親のジョゼフ・ベルンシュタインはワルシャワ大学で法律を学んだユダヤ人で、ローマン・カトリックと称していた。父方の元々の姓であるニエミロヴスキ（Niemirowski）は、一八世紀末のドイツ化の強制でベルンシュタインに変えられていた。父親は妻の実家の営む農園を管理して生計を立てた。

少年期のネイミアは、家庭教師に教育を受けた。レンベルクとローザンヌで法律を学び、その後、「世界でもっとも文明的で人道的[†5]」だと考えるイギリスに移ってロンドン大学経済学院（LSE）で、そして最終的にはオクスフォードのベルリオール・コレッジで近代史を学んだ。ロンドンとオクスフォードでは、フェビアン協会の活動に参加している[†6]。オクスフォード在学中に、彼は姓をベルンシュタインからネイミアに変え、一九一三年に英国臣民となった。

第一級の成績をおさめたにもかかわらず、オール・ソールズ・コレッジのフェロウとなることができなかった彼は[†7]、アメリカに旅立ち、父の知り合いの事業家の下で働いた。彼の仕事の内容については、情報が錯綜している。アイザィア・バーリンが当の事業家の息子から得た情報では[†8]、彼は事業家の発行する雑誌の編集と原稿執筆に携わったが、彼のオーストリア批判とアメリカ参戦論が激化したために雇い主と対立し、一九一四年四月にイギリスに戻った。

ネイミアは、滞米中に知り合ったイェール大学の歴史家たちから、史料にもとづく「客観的」で「科学的」な歴史研究の方法を学び、同大学のチャールズ・アンドリュー教授から、一八世紀のアメリカ独立時の歴史について、アメリカでは多くの研究がなされているが、イギリスからの貢献はほとんどないと聞かされて、この時代のイギリス史研究を志したとされる。[†9]

第一次世界大戦が勃発するとただちに兵役を志願し歩兵連隊に配属されたが、一九一五年二月には軍務を解かれ、陸軍省の広報局（the War Propaganda Bureau）で勤務することとなった。中東欧情勢に関する彼の知見は広く知られていた。組織再編で、彼は外務省の政治情報局（the Political Intelligence Department）に所属することになる。

戦後はオクスフォードでチューターをしばらく務め、その後、綿花をチェコに輸出する貿易業に携わった。その間、チェコやオーストリアの情勢を分析する記事をマンチェスター・ガーディアン紙に寄稿している。[†10]さらに、支援を募ってイギリス議会史に関する研究書を刊行するとともに、[†11]イスラエルの建国を目指すシオニズム運動にもかかわった。

彼の歴史研究に対する評価は高く、一九三一年にはマンチェスター大学教授となったが、彼自身が強く望んだにもかかわらず、オクスフォードに教授として迎えられることはなかった。歴史関係の講座が空席になる度に彼は候補とされたが、選任はされなかった。[†12]オクスフォードの学者たちは、選考委員たちがネイミアを選ばないのは恥だと噂したが、自分たちが選考する立場になると、同じことをした。専門領域が狭すぎるとか、シオニズム擁護が示すように彼の政治に関する考えは不穏当だとか、同僚に対して傲慢だとか、学生に対して厳格にすぎるとか、自分の関心事について一方的に話し続ける恐るべく退屈な人間だとかが、理由として挙げられた。彼の天才を疑う者はいなかったが、それに十分な比重が置かれることはなかった。[†13]

彼は定年までマンチェスターで講義を続け、第二次世界大戦後は、議会史基金（the History of Parliament Trust）で、イギリス議会の人物史をまとめるプロジェクトを率いた。一九四七年、彼はロシアの上流階級出身のジュリア・ドゥ・ボーソーブルと二度目の結婚をしたが、その際、妻の求めに応じてイギリス国教会の信徒となった。[†14]逝去したのは、一九六〇年である。

＊

アイザィア・バーリンは、ネイミアに関する回想録を残している。[†15]若きバーリンがオール・ソールズ・コレッジのフェロウであった一九三七年の夏、すでに著名であったネイミアが彼に会いにきた。なぜ、バーリンがマルクスに関する本を執筆しようとしているのか、それを訊ねるためである。[†16]

オール・ソールズ・コレッジのフェロウたるもの、本物の研究をするに足る知的能力を備えているはずだとネイミアは言う。それがなぜ、マルクスなのか。マルクスは憎悪で目のくらんだ二流の歴史家であり、経済学者だ。なぜフロイトについて本を書かないのか。マルクスと違って、フロイトの著作は天才の仕事だ。それにフロイトは存命で、インタヴューすることもできる。幸いマルクスは死んでいる。マルクスの信者たち、とりわけ知的に壊滅したロシアの追随者たちは、印刷用インクを必要以上に費やしている。この点では、ドイツの哲学者たちも同じで、同じ程度にバランス感覚も文才も趣味も欠如している。

バーリンに反論する機会を与えることもなく、ゆっくりとした眠りを誘うような、強い中欧なまりの抑揚のない口調での話が続いた後、バーリンが、マルクスの出自がネイミアの見解に影響を与えているのかと訊ねたところ、ネイミアは、自身の生涯について語り始めた。その後の二時間ほどの彼の話はきわめて興味深いものだったとバーリンは言う[†17]。

周囲の社会に同化しようとしたリベラルな両親に反抗し、ふるさとを離れた若きネイミアは、社会主義に惹かれた。彼がイギリスに来てまず学んだＬＳＥは、ウェッブ夫妻やグレアム・ウォーラスなど、マルクス主義者ではないものの、社会主義者たちが支配していた。

しかし、そのうち彼は、社会主義に示される諸原理や一般理論は、偽りのイデオロギーであることに気付く。真実は一般的な原理や理論にではなく、個人とその欲望――意識されたものであれ無意識のものであれ――とりわけ抑圧され、知的な偽装で合理化された無意識の欲望にある。

マルクス主義は知的な偽装を見破りはするものの、それを別の、自分たちの幻想で置き換えてしまう。社会学ではなく、個々人の心理学こそが鍵だ。人間の行動と社会の現実はみな、個々人の行動の根源を、恐れることなく冷静に、科学的に探究することでのみ、説明することができる。根源的衝動、食物や居場所や権力や性的欲望の満足や社会的承認等々に対する人間の変わることのない渇望こそを探究すべきだ。人間の歴史は、とくに政治史は、それ以外の方法で明らかにすることはできない。[†18]

ネイミアは、イギリス人（の多く）は人生の本当の目的が分かっていると言う。快楽、正義、権力、自由、栄光、連帯の感覚である。とりわけ、イギリス人は抽象的原理と一般理論を忌み嫌う。人間の動機は、フロイト等の心理学者が探究を開始した隠れた原因に注意を向けることによってのみ明らかとなる。

ネイミアは、思想（ideas）の影響を持ち出すことで人間の行動を説明しようとする試みは馬鹿げていると言う。思想とは人の心が、臆病さのあまり、あるいは因習にとらわれているために、自身でも直視することができない深く隠された衝動や動機を合理化したものにすぎない。思想史家は、もっとも役に立たない歴史家だ。[†19]

君は、反ユダヤ主義者でウィーン市長のリューガーが、自然科学への助成を求められたとき、どう答えたか覚えているかね。「科学？　そりゃユダヤ人が別のユダヤ人から剽窃するものだ」。私は、このセリフが思想史にそのまま当てはまると思う。[†20]

ネイミアはバーリンの表情に不満の意を感じとったようで、同じことをもう一度、ゆっくり重苦しい威嚇的なまりで繰り返した。[†21]

＊

ネイミアとバーリンの交流は、その後も続いた。

バーリンが思想史家として歩み始めた後、ある抽象的なテーマに関する講演録[†22]をネイミアに送ったところ、「自分の書いたことをすべて理解できるとは、君は随分と頭が良いに違いない」との返信があった。ネイミアの辛辣なユーモアの典型だとバーリンがＥ・Ｈ・カーに話したところ、経緯は不明だが、それがサンデイ・タイムズ紙の匿名コラムに載った。コラムを読んだネイミアは、バーリンの気に障ったかと勘違いして、「君の気持ちを傷つけたのであれば謝る。私は必ずしも注意深くない」とわざわざ手紙を寄こしたそうである。[†23]

歴史家たちの一般的な命題や印象論を小粒で堅固な「事実」に還元しようとするネイミアの衝動は、彼の生きた当時の思想潮流に棹さすものだと、バーリンは言う。当時のウィーンでは、エルンスト・マッハが「思考の経済」を唱え、物理現象を分離可能な感覚の単位へと還元しようとした。フロイトは、精神現象の経験的にテスト可能な「実体」を明らかにしようとした。ウィーン学団の哲学者たちは、曖昧さや超越論や神学や形而上学と戦う武器として検証原理を生み出した。バウハウスの芸術家たちの明確で合理的な輪郭線は、アドルフ・ロース[†24]やその弟子たちの思想に由来する。

ウィーンは、新たな反形而上学、反印象主義的実証主義の中心地だった。ネイミア自身がそれに気付いていたか否かはともかく、ウィーンこそが、彼の学問の源泉である。ウィーンのもっとも独創的な思想家たちは、ドイツの形而上学に反抗し、イギリス流の経験主義に好意的だった。哲学では、彼らはイギリス学派と周知の実り豊かな共生関係を実現した。ネイミアは、この思考方法を歴史学に適用したもっとも勇敢で革命的な先駆者だった。[†25]

分析対象を切り刻み、細かな断片にした上で、見事なイマジネーションの力でそれを統合する一方、思想と理性の重要性と影響を軽視したネイミアの歴史学は、「歴史から精神を取り去った taken the mind out of history」と批判されることがあるが、同じ批判は、対応する哲学、芸術、建築学、心理学にも当てはまるはずである。[†26] 実際にはネイミアも、特定の理論に突き動かされ、特定の思想に捉えられていた。

＊

第二次世界大戦直前の国際関係を描いたネイミアの著書『外交の序章 *Diplomatic Prelude*』に関するエコノミスト誌上の書評は、次のように述べる。[†27]

政治は利害と権力のみにかかわるもので、思想は政治家が醜い現実をごまかすための自己欺瞞にすぎないという暗黙の前提に立つ歴史学派の典型例である。……そうした不毛で危険な哲学の枠内では、『外交の序章』は傑作だ。

ケインズが指摘したように、世界は思想によって動かされる。ネイミアのシニカルな思想が人々の心を支配し、政治家や役人も、まずは公益ではなく自分たちの立身出世や保身を考えて行動するもので、原理原則や政策などは、憲法にかかわるものも含めてすべて、真の動機を覆い隠すためのイデオロギーにすぎないと多くの人々が本気で信じ込んでしまえば、その社会は本当にそうした社会になってしまう。とりわけ権力の座にある人々がそう信じ込んでいれば、確実にそうなる。

現代の日本は、かなりの程度まで、そうした社会になってはいないだろうか。

第二次安倍政権下で公文書の改竄や隠蔽が問われ、ネポティズム（縁故主義）の横行が疑われたとき、それに対して、記憶にない、問題は解決済み、指摘はあたらない等という、木で鼻をくくった通り一遍の応答しかなくても、マスメディアの多くを含めてなぜ深刻な問題として意識されないかと言えば、政治家も役人も出世と保身、利得と栄達のために行動しているだけで、国会や記者会見での答弁や応答はうわべを繕うお飾りにすぎない、政策論争や憲法原則に関する論争も同じで問題にするのも大人気ない、国民も各自、自助努力で保身を図るしかないと多くの人々が思い込んでいるからではないか。

法の支配が踏みにじられ、国家の財政規律が根本的に破壊されて、ハイパー・インフレーションのリスクに直面しているのであれば、国民一人一人が海外に資産を移し、自助努力でリスクに備えるしかない。

個々の政治家や役人が自己の栄達と保身のみを考える国家は、国家の存立自体を掘りくずす。日本に明るい将来などありそうもないことがよく分かる。

注

†1 John Maynard Keynes, *The General Theory of Employment, Interest and Money* (Cambridge University Press 2013 [1936]) 383-84; 邦訳『雇用・利子および貨幣の一般理論』塩野谷祐一訳（東洋経済新報社、一九八三年）三八六頁。

†2 GR Elton, 'Members' Memorial', *London Review of Books*, vol 49, no 9 (20 May 1982). ウォルター・バジョットは、一八七四年に公表した評論で、一八世紀半ばから一九世紀初めにかけて、下院議員になることは、資産はないが才覚のある若者にとって、政府の供与する役得に与ることを通じて相当の財産を蓄えるための手段であったと述べている (Walter Bagehot, 'The Advantage and Disadvantage of Becoming a Member of Parliament' in *The Collected Works of Walter Bagehot*, vol 6 (Norman St John-Stevas ed, Economist 1974) 54)。

†3 DW Hayton, *Conservative Revolutionary: The Lives of Lewis Namier* (Manchester University Press 2019) 1.

†4 Ibidem.

†5 Ibidem 27.

†6 Ibidem 28-29.

†7 彼の出自――ポーランドから来たユダヤ人――がフェロウへの選出を妨げたと考えられる。ユダヤ人でオール・ソールズ・コレッジのフェロウとなったのは、一九三一年のアイザィア・バーリンが最初である

(ibidem, 41–42)。

†8 Isaiah Berlin, 'L.B. Namier' in his *Personal Impressions* (Expanded edn, Henry Hardy ed, Princeton University Press 2001) 102–03.

†9 Hayton（†3）63. ヘイトンはさらに、チャールズ・ビアードがネイミアに影響を及ぼしたことは明らかであるとする（ibidem 65）。

†10 ヘイトンは、当時のウィーンにおける論理実証主義との邂逅が彼の「科学的」歴史観に影響を与えていないはずはないとし、かつ、フロイト流の精神分析を実際に受けているとする（Hayton（†3）143）。ネイミアは、一九四二年までロンドンでも定期的に精神分析を受けていた（ibidem 271）。

†11 彼の代表作『ジョージ三世即位時の政治構造』は一九二九年に、『アメリカ革命期のイングランド』は一九三〇年に刊行された。

†12 Hayton（†3）293–95.

†13 Berlin（†8）105.

†14 ジュリアは、ネイミアの死後、彼の伝記（Julia Namier, *Lewis Namier: A Biography* (Oxford University Press 1971)）を著している。アイザィア・バーリンは、この伝記について、ネイミア自身がそう描いて欲しいと思ったような本ではあるが、バーリン自身の知っているネイミアとは全く違うと述べている（Isaiah Berlin, 'Letter to G.S. Rousseau on 14 February 1972' in his *Building: Letters 1960–1975* (Henry Hardy and Mark Pottle eds, Chatto & Windus 2013) 479)。

†15 Berlin（†8）.

†16 バーリンは一九三九年に『カール・マルクス』を出版した。現在は第五版（*Karl Marx* (5th edn, Henry Hardy ed, Princeton University Press 2013)）が入手可能である。

†17 Berlin（†8）93.

†18 Ibidem 95.

†19 Ibidem.

†20 Ibidem. バーリンによると、ネイミアのこの引用は不正確である。発言者はリューガーではなく、彼と同じキリスト教社会党のオーストリア議会議員であったヘルマン・ビーローラベクで、彼の発言は、「文学は、ユダヤ人が別のユダヤ人から剽窃するものだ」というものである（ibidem note 1）。

†21 Ibidem 95–96.

†22 『歴史の必然性 Historical Inevitability』である（Berlin（†14）138–39）。

†23 Isaiah Berlin, 'Letter to Lewis Namier on 25 May 1956' in his *Enlightening: Letters 1946–1960*（Henry Hardy and Jennifer Holmes eds, Chatto & Windus 2009）530–31; Berlin（†14）139; Berlin（†8）107; Hayton（†3）360–61.

†24 Adolf Loos（1870–1933）は、オーストリアの建築家。装飾を削ぎ落とし、単純で機能に徹したモダニズム建築の設計で知られる。

†25 Berlin（†8）109.

†26 Ibidem 109–10.

†27 Quoted in Hayton（†3）292. ネイミアによると、権力闘争の手段として思想や弁舌を駆使した典型例はエドマンド・バーク（1729 or 30–1797）である。彼の著作や議会での演説は、彼の属するロッキンガム卿一派を利するためのプロパガンダにすぎない（ibidem 171; cf. Lewis Namier, *The Structure of Politics at the Accession of George III*（2nd edn, Macmillan 1957）169 and 238）。

4　道徳と自己利益の間

ジョゼフ・ラズはイスラエルの出身である。H・L・A・ハートの指導の下、博士号を取得してオクスフォード大学で長く法哲学を教え、その後はコロンビア大学とロンドン大学キングズ・コレッジの教授を務めた（二〇二二年逝去）。二〇一八年には、東洋のノーベル賞とも言われる唐奨（Tang Prize）の「法の支配」部門を受賞した。

彼に「核心的対立：道徳と自己利益」という論稿がある。[†1] 彼の論稿の多くがそうであるように、かなり屈曲した議論が展開されている。結論は、おそらく、多くの人にとって意外なものである。以下はその梗概である。

ラズの議論に忠実な梗概であるよう努めてはいるが、必ずしも彼の表現や設例そのままを用いてはいない。そのため余計な、あるいは彼自身の意図から外れた含意が示唆されているリスクもあることをお断りしておきたい。

人が意図的に行動するとき、つまり反射的な行動や夢遊中の行動などではないとき、人は理由にもとづいて行動する。他の選択肢よりも、ある選択肢が好ましいと考えるので、その選択肢をとる。人とはそういうものである。

*

人が考慮すべき行動の理由は、通常、おおきく二種類に分かれると考えられている。道徳的な理由と自己利益にもとづく理由である。自己利益にもとづく理由は慎慮（prudence）にもとづく理由とも言われる。そう行動することで、自分の幸福（well-being）にどのような帰結がもたらされるかにかかわる理由である。

しかも、道徳的な理由と自己利益にもとづく理由とは、しばしば衝突するとも考えられている。そうすることは自分のためにはならない。しかし、道徳的にはそうすることが求められる。そうしたことが、しばしば起こるものだと考えられている。

自己利益に貢献するのは、たとえば、価値のある（あるいは意味のある）目標の達成や人間関係の構築・維持である。価値ある事業を成功させること、価値ある友人関係を取り結ぶことは、自己利益に貢献する。暴力組織にかかわりあってやたらに人を傷つけたり金品を強奪したりすることは、自己利益に貢献しない。

ところで、道徳的な理由と自己利益にもとづく理由とがしばしば衝突するのはなぜかと言えば、人の行動を支える理由がおおきくこの二つに区別できるから、ということになりそうである。たとえば、自分だけの利益に貢献する行動は自己利益を理由としているが、自分以外の人々の利益に貢献する行動は道徳を理由としているとか。

しかし、よく考えてみれば、両方の理由にもとづいて善い（good）と評価される行動は多い。病気になった母親の面倒を見ること、それは母親の利益になる。しかし、それは母親と自分との関係をより親密にし、自分の人生の質も向上させる。自分の日々の仕事をこなすこと、余暇に食事をしたり趣味のテニスをしたりすることも、いろいろな形で自分だけでなく、自分以外の人々の利益にも貢献している。

とすると問題は、道徳的には善い行動であるが、自己利益には全くならない行動があるかである。たとえば、きわめて邪悪な人を殺害する道徳上の必要に迫られたとき、人を殺すことはとても嫌なことでそんなことはしたくないと考えるかも知れない。その行動は、自己利益には貢献しないのだろうか。感情の上ではしたくない行動であっても、結果としては自己利益には貢献しているのではないか。道徳上の強い必要に迫られて人を殺すとき、自分の人生はその道徳的義務を無視する場合より、より善い人生になっているのではないか。

あるいは、自分の収入のうちいくらか（たとえば一万円）を慈善団体に寄付することは、道徳的には——supererogation（義務なき働き）ではあるが——善いことだが、自己利益には反しているのだろうか。しかし、慈善団体に寄付し、社会全体の利益に貢献することで、やはりあなたの人生はより善い人生になっているのではないだろうか。

嫌な思いをすることや、損をしたという思いをすることは、心情的には苦痛であるかも知れない。しかし、だからと言って、それが自己利益に貢献していないことにはならない。芸術家や文学者は、創造の過程で苦痛を味わうものであろうが、それでも創造をなし遂げることは、彼らの人生をより善いものとするはずである。

道徳的理由と自己利益にもとづく理由を峻別することができないとすると、道徳と自己利益とが衝突するという「常識」的な見解にも疑問が投げかけられることになる。

＊

道徳的理由と自己利益が決して衝突しないというわけでもないであろう。さまざまな理由は衝突するものである。しかし、道徳的理由と自己利益にもとづく理由とが衝突するとしても、それは具体の状況に応じてたまたま衝突するのであって、必然的に衝突するわけではない。

われわれが意図的に行動するとき、その行動は理由に支えられている。さまざまな理由が相互に衝突することは当然あり得る。そのとき、人は他の理由を打ち消す理由、あるいはもっとも強い理由に支えられた行動を選択する。そうした行動をとることは、道徳に反することでも、自己利益に反することでもないであろう。

そうした考慮を経て選択された行動は、最終的には、自分が欲しない行動ではあり得ない。そうしたくないという理由はあったかも知れないが、その理由は、結局は、より強い理由によって打ち消されるか、打ち消されないまでもより強い理由に劣後した——つまり、より強い理由によって優越された——理由である。そうしたくないという理由は、最終的には、自分の行動を決定づけることができなかったことになる。

最終的に選択された行動は、自分がそうしたいという行動であるはずである。

*

具体例を挙げてみよう。私は自動車を保有しているとする。今週末、私はその自動車で近くの観光地に出掛けることができる。他方、自分の友人が重病で伏せっている彼の息子を見舞いに行くために、その自動車を貸すこともできる。友人は他に自動車を用意する術がないようである。

こうした選択に直面したとき、私が考慮すべきなのは、いずれの選択肢がより強い理由によって支えられているかである。考慮の結果、私が友人に自動車を貸したとすれば、その選択はより善い選択であり、結果として私の人生をより善いものとする選択である。それは私の自己利益にかなっている。かりに、観光地にとても行きたいと思っていたとしても。自己利益が犠牲に供されているとは言えない。

道徳的理由と自己利益との間に決して衝突が起こらないというわけではない。自己利益により善く貢献する選択肢とそうでない選択肢との間での選択が迫られることがある。

大学に入って自分の能力を開花させる選択肢と、飢餓に苦しむ遠隔の地で運転手としてボランティア活動をする選択肢とでは、前者の方が自己利益にはより貢献する。しかし、道徳的理由に支えられた後者の選択肢の方が、より強い理由によって支えられていると私は考えるかも知れない。そのとき、道徳的理由は自己利益により貢献する選択肢とは別の選択肢をとる決断を迫ることになる。とはいえ、その選択肢も自己利益に貢献しないわけではない。

別の例を挙げてみよう。ジェーンが直面している選択は、やりがいのある仕事に就くために遠い街に赴くか、それとも一緒に暮らしてきたパートナーとすごすために、この地にとどまりつづけるかである。パートナーが共に遠い街に赴くことは不可能である。ジェーンは結局、その仕事を引き受けることをあきらめるかも知れない。それは彼女の（ある種の）自己利益を損なうことになる選択肢である。しかし、パートナーとの絆を保つことは、彼女の人生の主要な意味をなしている。そうした選択をすることも、理由のある、合理的な選択である。それは彼女の全体としての自己利益にかなっているはずである。

＊

こうした設例から分かることは、自己利益は、独自に行動を支える理由にはならないことである。人が選択にあたって考慮するのは、理由である。自己利益そのものではない。どのような行動、どのような生き方に意味があるか、価値があるか、それを指し示すさまざまな理由が考慮の対象となる。人生の幸福と言われるものは、価値のある生を生きることである。

道徳的理由は、自分が大事だと考える目標やキャリアや人間関係を犠牲とするよう要求することがある。また、キャリアと人間関係の間に衝突が起こることもある。価値をめぐるさまざまな相互に衝突する理由の中に、道徳的理由もある。そうした理由をめぐる考慮の結果、キャリアや人間関係が犠牲となることもあり得る。しかし、自己利益が犠牲となるわけではない。そうした選択も、もっとも強い理由によって支えられているはずであり、それは結果として、人生をより善いものとする選択のはずである。

短期的には自己利益を犠牲とする選択が行われるように見える場合もある。自分の能力を開花させてくれる大学への進学をあきらめて、遠隔の地で飢餓難民のためにボランティアの運転手として活動する選択のように。そこでは、自己利益は犠牲とされているのではないだろうか。

この問題は、より広く長い目で見る必要がある。なぜそうした選択が行われるのかと言えば、人が何を選択すべきかを考慮するときは、その時々の短期的利益のみを考慮するわけではなく、より長い目で、おそらくは自分の人生全体にとって、その選択が自分の生をより意味のあるもの、より価値のあるものとするかを考えるからである。短期的には自己利益を犠牲としているように見える選択も、もしそれが合理的な選択であるならば、人生全体をより豊かな価値あるものとする選択となっているはずである。

結局のところ、いつも、より意味のある選択、より価値のある選択をわれわれはする。それを自己利益と呼んで悪いわけではないが、そう呼ぶことにさしたる意味はない。相互に複雑に入り組んだ、ときには衝突する、さまざまな価値の間の選択をわれわれはしている。価値をめぐる選択は、結果として自身の自己利益に影響を与える。私が大切にする目標を達成し、大切にする人間関係を維持することは、多くの場合、その意図せざる結果として自己利益に貢献する。私の人生を幸せな人生にする。それだけである。

愛し合う夫婦がその関係を大切にすることは、夫婦の自己利益に貢献するだろう。しかし、夫婦は自己利益に貢献するからという理由で愛し合うわけではない。親は子が自立してうまくやっていくことを望むだろうが、その望みをかなえるために、子が自立してうまくやっていくよう手助けするわけにはいかない。それは self-defeating である。子が自立するという目的も結果も損なうことになる。そんなことはそもそもできない。

もっとも、長い目で人生全体を見渡したときの自己利益を大切にすることに全く意味がないわけでもない。それを大切にすることは、何がより意味のある選択であり、より価値のある選択であるかを慎重に考慮するよう促すことになるだろうし、意味のある目標を達成したり、意味のある人間関係を維持したりするためのさまざまな技術をみがくよう促すことにもなるだろう。

ただ、そうした視点を備えることに大いに意味があるとまでは言えないし、他のすべての価値を支えているわけでもない。所詮、長い目で見たときの自己利益は、価値をめぐるわれわれの多くの選択の結果としてもたらされる。人生は思い描いた通りにはならないものである。人生の終わりに、結果について落胆することも十分あり得る。やりがいのある仕事をあきらめ、パートナーと共にすごす決断をしたことが間違いだったと後悔することもあり得る。それは後になって分かることである。自己利益だけを念頭に置く人生は、ナルシシズムの一種である。意味や価値のくり抜かれた萎縮した人生である。

自己利益を大切にすることとは別に、人として普通にすごす——正常に機能する——ことの価値はある。意識があり、普通の身体と性格と生命とを備え、合理的に行動する人であることの価値である。理性に照らして生きることには、それ自体、価値がある。

「人々がときに、彼らの自己利益（幸福）に反してでも道徳的理由にもとづいて行動するのはなぜか」という問いに対する答えは、結局のところ、単純である。人々は理由にもとづいて行動する。自身の利益にかなうか否かにかかわらず、適切な理由（adequate reason）に支えられた行動をとろうとする。[†2] 自身の利益に反するにもかかわらず、行動を支える決定的な理由となるものの中には、道徳的理由も含まれる。それだけである。とくに不思議はない。

＊

この「核心的対立：道徳と自己利益」という論稿では、ラズの道徳哲学の特徴である価値の多元性や多様な価値が相互に比較不能であり得ることが正面から議論の対象となってはいない。それでも、人の行動が理由に支えられていること、さまざまな理由が相互に衝突すること、より強い理由に人は従うべきであることは、前提とされて議論が進む。自己利益は独自には行動の理由とはならないという結論は「常識」とは異なるものであるが、自然な結論であるように思われる。

ラズの屈曲した道徳哲学の議論とかかわりあうことは、自分自身を含めて、人の生き方を省みる新たなパースペクティヴを与えてくれる。それは行動や選択の仕方、価値ある生き方とは何かについて、考えを深めることにつながる。ラズの議論とかかわりあうことには、十分で適切な理由がある。

もっとも自分自身の人生をより善いものにしてくれることが、その理由であるわけではない。それは、せいぜい、たまたまの結果である。価値あるものとかかわりあうことには価値がある。それだけである。

と、ここで終わってもよいのであるが、若干短めのようなので、もう一篇、ラズの論文を紹介したい。「ハリネズミの価値の統一性」という論文である。[†3] ロナルド・ドゥオーキンの追悼論集に収められたもので、内容は、ドゥオーキンの著書『ハリネズミの正義』[†4] の書評である。

ドゥオーキンは、この書物で、価値多元論に対抗して価値の統一性（unity）、あるいは価値の統一的理解を目指すべきことを擁護している。価値が統一的であることと、価値の統一的理解を目指すべきこととは、後述するように、異なっている。

価値の統一性は価値の唯一性、つまり単一の価値のみがあるという主張とは異なる。多様な価値があることを前提とするからこそ、価値の統一性を語ることに意味がある。もっとも、価値多元論を擁護したアイザィア・バーリンは、価値一元論者が価値の唯一性を主張するとは考えていない。[†5] 価値の統一性を語るドゥオーキンは、バーリンからすればまぎれもなく価値一元論者である。[†6]

ハリネズミという比喩は、バーリンの『ハリネズミと狐』[†7] を典拠とする。「狐はたくさんのことを知っているが、ハリネズミはでかいことを一つだけ知っている」というアルキロコスの詩の断片を手掛かりとしたエッセイである。ハリネズミと狐の対比は、価値一元論と価値多元論の対比とは、必ずしも一致しない。価値多元論というでかいことを一つだけ知っているハリネズミの存在を想定することは、決して困難ではない。ただ、ドゥオーキンがハリネズミを価値一元論者の象徴として想定していることは明らかである。

*

ラズの「ハリネズミの価値の統一性」は、彼自身が認めるように、[†8]かなり屈曲した議論を展開する。しかも、彼がこの書評論文でしていることは、彼自身のことばによれば、ドゥオーキンの「見解を、結局は彼の見解に適合しないことが判明する仕方で解釈すること」である。[†9]ラズは二つの解釈を示しているが、いずれもドゥオーキン自身はしりぞけたであろう見解だというわけである。

以下では、それぞれの解釈を第一モデル、第二モデルと呼ぶ。「解釈」のままで通すと、第二モデルで登場するドゥオーキン特有の「解釈」概念と紛らわしくなる。

ラズの示す第一モデルは、ドゥオーキンは価値の統一性を語るとき、さまざまな価値が客観的に相互関連・相互依存の状態にあると主張しているというものである。ドゥオーキンはたしかに、『ハリネズミの正義』の各所で、「諸原理と諸理念が相互に関連し依存し合う秩序 interconnected and interdependent system of principles and ideas」について語る。[†10]言い換えると、価値に関する諸命題・信念は、一つの命題・信念が客観的な真理であることを他の命題・信念が根拠付け、それらをさらに他の命題・信念が根拠付け、さらにそれらを別の命題・信念が根拠付ける……という形で相互に

関連し、依存し合っている。[†11]

ところが、ドゥオーキンは、こうした客観的相互関連・相互依存の関係が成り立っているという論拠を提示していない。彼が述べているのは、そうした関係が成り立っていない理由が分からないというものである。[†12]まことに心許ない。

ラズが示す第二モデルは、諸価値の関係が客観的にどうであるかは別として、あらゆる人には、諸価値を統一されたものとして解釈する責務があるというものである。[†13]その責務を最善の形で実現するものこそ真正の解釈である。つまり、責務を果たす解釈という活動を通じて、はじめて真の価値が構成される。この解釈に対応する叙述も、『ハリネズミの正義』の中には見られる。[†14]

われわれはそれと意識することなく、抽象的な概念を他の諸概念との関係において解釈する。つまり解釈は諸価値を統合する。われわれが道徳的責務を果たすことができるのは、われわれの行う具体的な解釈が全体として整合性（integrity）を実現し、真正の意味で受容する価値のネットワークの中で、各解釈が相互に支え合うようになる、その限りにおいてである。われわれがそうした解釈のプロジェクトの遂行に挫折する限りにおいて――完璧に遂行することは不可能であろう――われわれは真正な信念からはずれて行動しており、完全な形で責務を果たしてはいない。

つまり、われわれ自身が諸価値を統合するからこそ、諸価値は統一される。もともと統一されているからではない。諸価値の統合は解釈を通じて行われる。解釈は、これまでわれわれが生きてきた歴史によって拘束されている。全体が整合しているだけでなく、われわれ自身が生きてきた歴史に照らして自然だと感じる解釈でなければならない。[†15]

道徳的責務を果たそうとする人々は真理の獲得に挫折するかも知れないが、しかしそれを希求すべきである。[†16]

挫折することがあるからと言って、責務を果たす義務を免れるわけではない。[†17] こうした視点からすれば、ドゥオーキンが価値相互の衝突や比較不能性を否定しようとするのも、最初から価値の衝突や比較不能性があると決めてかかることが、解釈者としての責務を十全に果たすことを阻害するからだということになるであろう。なぜ価値相互の衝突が存在し得ないのか、なぜ価値相互の比較不能性が否定されるのか、その論拠をドゥオーキンは示していない。[†18]

＊

不思議に思われるのは、なぜラズが第一モデルを示しているかである。たしかに、いずれのモデルがドゥオーキンの立場であるか、決め手はないように見える。しかし、『法の帝国』の末尾のページで示されたプロテスタント的解釈観になじみのある読者であれば[19]、ドゥオーキン自身がいずれの立場をとっていたかという問いに対する回答としては、第二モデルが適切だと考えるであろう。

もちろん『法の帝国』のテーマは法哲学であり、『ハリネズミの正義』のテーマは道徳哲学である。しかし、実定法の権威を否定するドゥオーキンからすれば、法的判断はすべて道徳判断に還元される。法の世界と道徳の世界は一続きの地平である。『法の帝国』の解釈観を道徳の世界全般に拡張したのが『ハリネズミの正義』であると考えるのが、自然な理解の流れである。

それなのになぜ第一モデルをわざわざ掲げて、しかもドゥオーキンがどちらの立場をとったか判然としない、どちらでもないのではないかという結論にラズは立ち至っているのか。

ここからは推測するしかないが、第二モデルからすると、価値の統一性はきわめてあやふやな議論となる。ドゥオーキンの解釈観にコミットする人は、そうした解釈活動を通じて諸価値の統一を目指すべきだということになるが、そうでない人にとってはそうではない[20]。

しかも、ドゥオーキン流の解釈活動は、とりあえずは、当の本人にとっての統一された価値体系をもたらすだけで、それが他の人も共有する価値体系である保証はない。当人にとって、解釈の結論として特定の信念を抱くべき理由があることは、その信念の客観的な真理性をその理由が支えていることを保証しない[21]。つまり、第二モデルが第一モデルと同等の機能を果たすことはない。客観的に見れば、価値が深刻に分裂している状況は十分に可能である。これでは、ドゥオーキンは、ハリネズミの皮をかぶった狐だということになりかねない。

同僚であったドゥオーキンの追悼論集の巻頭論文で、彼が力説した価値の統一性がこうした結末に至ると言い切ることには、ラズとして逡巡があったのではなかろうか。言い切らないためには、二つのモデルのうち、いずれがドゥオーキンの立場であったか判然としないと言わざるを得ない。

価値の統一性がその名に値する、真に価値あるものであろうとするならば、第一モデルを前提とせざるを得ない。その場合は、第二モデルにおいて提唱される、自分の責務を果たす解釈活動を経て到達し得る統一された価値体系は、同時に、客観的な諸価値の統一的な体系にもなっていることになる。そうであってこそ、その解釈活動は責務を果たす解釈活動だということになるはずである。[22] 第二モデルの存立は、第一モデルに依存している。ラズはそう考える。

そうした解釈活動があり得るか否かは、なお残された問題である。諸価値が本当に統一されているかも含めて。

注

†1 Joseph Raz, 'The Central Conflict: Morality and Self-Interest' in his *Engaging Reason: On the Theory of Value and Action* (Oxford University Press 1999).

†2 ある選択を合理的なものとして理解可能（説明可能）とする事情があれば、それは十分な理由（sufficient reason）である。それぞれ十分な理由によって支えられた選択肢は、複数あることが通常である。それらの理由のうち、他の理由によって打ち消されない理由は、適切な理由（adequate reason）である。適切な理由が一つだけであれば、判断には困らない。しかし、それぞれ適切な理由に支えられた複数の選択肢に直面するこ

とも少なくない。そうした場合、それらの理由（選択肢）は比較不能（incommensurable）である。

†3 Joseph Raz, 'A Hedgehog's Unity of Value' in Wil Waluchow and Stefan Sciaraffa (eds), *The Legacy of Ronald Dworkin* (Oxford University Press 2016). この論文については、学界からの反応を含めて、濱真一郎氏による詳細な紹介がある。濱真一郎「ハリネズミの復権」思想一一六六号（二〇二一年六月号）一一三頁以下。

†4 Ronald Dworkin, *Justice for Hedgehogs* (Harvard University Press 2011).

†5 Isaiah Berlin, 'The Lessons of History' in Joshua L Cherniss and Steven B Smith (eds), *The Cambridge Companion to Isaiah Berlin* (Cambridge University Press 2018) 265-68.

†6 ラズは、ドゥオーキンの議論を価値多元論の一種としているが（Raz（†3）5-7）、この位置付けはミスリーディングである。

†7 バーリン『ハリネズミと狐――『戦争と平和』の歴史哲学』（河合秀和訳、岩波文庫、一九九七）。

†8 Raz（†3）3.

†9 Ibidem.

†10 Dworkin（†4）117.

†11 Raz（†3）9.

†12 Dworkin（†4）117.

†13 Raz（†3）16.

†14 Dworkin（†4）101.

†15 Ibidem 108.

†16 Ibidem 113.

†17 Ibidem 90-96.

†18　Raz（†3）14.

†19　Ronald Dworkin, *Law's Empire* (Hart Publishing 1998) 413. ドゥオーキンのプロテスタント的解釈観とその根本的な問題点については、さしあたり、拙著『憲法の理性〔増補新装版〕』（東京大学出版会、二〇一六）第一五章「法源・解釈・法命題」参照。

†20　Raz（†3）20.

†21　Ibidem 11.

†22　Ibidem 21.

5 「見える手」から「見えざる手」へ――フランシス・ベーコンからアダム・スミスまで

一八世紀半ばに『法の精神』を刊行したモンテスキューは、当時のイギリスをモデルとして、自由を確保すべき国制について大要次のようなことを述べている。

国の統治権力は立法・司法・行政の三権に分類できる。このうち二権以上を一つの国家機関が独占すると専制がもたらされ、人々の自由は失われる[†1]。そうした権力の集中を防ぐ必要がある。ただ、この消極的原理だけでは不十分である。立法作用は他の二権をコントロールすることができる。専制的な立法が行われないような仕組みが必要となる。

モンテスキューによると、当時のイギリスでは、国王・貴族・庶民という異なる社会階層をそれぞれ代表する要素が議会に組み込まれており、三者すべてが同意したときにのみ新たな法律が制定されることとなっていた。相互に阻止する力を持つ三者は、協調して国政を前に進めざるを得ない。三者の抑制と均衡を通じて、人民の自由は確保される[†2]。

このように述べる『法の精神』の第一一編第六章の末尾で、モンテスキューは、イギリス人が享有する自由は「極端 extrême」なものであり、彼自身はイギリスを他国のモデルとして推奨しないとする。より穏健な形で国民の自由を保障する国家体制として彼が推奨するのは、君主政体を採用する当時のフランスである。

モンテスキューは、政治体制を共和政体、君主政体、専制政体の三種に分類する。君主政体は、ただ一人が確固たる制定された法律によって統治する政体であり、専制政体は、ただ一人が法律も規則もなく、すべてを彼自身の意思と気まぐれで統治する政体である。[†3]

君主政体の本質を構成するのは、中間的な諸権力であり、典型的な中間権力は、貴族の権力である。モンテスキューによれば、君主政体では、貴族は各自の名誉を守ることを動機として行動し、その付随的結果として国王の権限拡張を抑制し、国民の自由を守る。自由を守るために、国民一人一人が祖国への愛、真の栄誉への希求、自己放棄の精神等の徳を備えることを必要とする共和政体に比べると、より安上がりで効率的である。[†4]

これに対して、典型的な中間権力である貴族の権力が衰退したイギリスでは、立法・行政・司法の三権を分立させ、しかも異なる社会階級の利害を均衡させる立法過程を人為的に仕組むことで、国民の自由を確保せざるを得ない。権力の分立と均衡の仕組みが要請されるのは、イギリス社会のいびつさのためである。

モンテスキューは、貴族の中間権力を持ち合わせないイギリス人が一旦自由を失えば、彼らは世界でもっとも隷属的な人民に成り果てるであろうと言う。[†5]

ところでなぜ、イギリスでは貴族の力がそれほどに衰退したのであろうか。この点に関する古典的な説明は、チューダー朝の歴代の君主が意図的に、そうした状況を作り出したというものである。フランシス・ベーコン（1561-1626）によると、土地の譲渡を制限し土地所有を広く臣民に行き渡らせたのはチューダー朝の開祖であるヘンリー七世の功績である。ヘンリー七世は独立自営農民層を強化し、囲い込みによって土地を収奪しようとする貴族や紳士層の活動を抑制した。その結果、国土や人口においてまさるフランスに対しても、イングランドは十分対応し得る兵士を確保することができた。[†6]

＊

イングランドが、領土と人口はフランスに比べてはるかに劣っているが（それにもかかわらず）、優勢（overmatch）であり続けているのは、イングランドの中間層（Middle People）がすぐれた兵士となり、フランスの農民はそうではないからである。

この点で、ヘンリー七世の方策は深遠で称賛に値するものであった。標準的な農家のための農場と家屋を定めた。すなわち、一定の土地を維持させ、臣下が安楽で豊かに、他人に隷属せず暮らせるようにした。鋤を所有者の手にとどめ、ただの雇われ者とならないようにした。かくして、ウェルギリウスが古代イタリアに帰する性質——武力は強く土地の豊かな国土（Terra potens armis atque ubere glebæ）——を実現することができる。

さらに、ジェームズ・ハリントン（1611-1677）がこの論陣に加わる。チャールズ一世が処刑され、共和制へと移行した後のイングランドで活動したハリントンによれば、「イングランドがフランスに対して武器をとって優勢（overmatch）であった真の理由は、財産が下層の階級にいたるまで配分されていたことによる」[†7]。イングランドの臣民が武器をとったとき、国王に対して優勢であったのも、同じ理由にもとづく。

ハリントンは、ヘンリー七世による独立自営農民の強化策やヘンリー八世による修道院の解散等、歴代のイングランド王のとった施策が、自作農および紳士層の保有財産を増し、貴族層の力を弱めたとする。貴族層は農民を従属させることができず、自前の兵力を用意することができなくなり、ただの宮廷人となって財産の費消に明け暮れる。かくして、「庶民院が君主に対して恐るべき存在として立ち現れ、君主は庶民院では青ざめることとなった」[†8]。

人民の支配を恋愛関係であるかのように装ったエリザベス一世の治世の間は、人民と国王との対立は隠蔽されるが、聖職者[†9]に唆された国王チャールズ一世が人民と対決するにいたったとき、もはや徹底的に弱体化した貴族院は緩衝勢力とはならず、頼るものは軍しかなくなった[†10]。しかし、打ちひしがれた農民や貧民から組織される軍隊や外国人の傭兵で組織される軍隊では、自作農からなる民兵に太

刀打ちはできない。[†11]

*

こうした古典的説明に異を唱えたのが、アダム・スミスである。彼の『国富論』は一七七六年に初版が刊行され、彼自身による最後の改訂版である第三版は、一七八四年に刊行された。[†12]『国富論』は、その第三編第三章「ローマ帝国没落後の諸都市の発生と発達について」で、近代初頭の商業と製造業の発達が次のような社会の変化をもたらしたとする。[†13]

商業と製造業は、国民のあいだに、秩序とよき統治を、またそれとともに個人の自由と安全を、しだいにもたらしたのであって、以前の彼らは隣人とほとんど絶え間のない戦闘状態にあり、領主にたいしては奴隷的従属状態にあった。このことは、ほとんど注目されてこなかったけれども、商業と製造業がもたらしたすべての効果のなかでも、もっとも重要なものであった。ヒューム氏は、私の知るかぎり、これまでその点に注目した唯一の著作家である。

スミスによると、商業も製造業も未発達な国では、大土地所有者（領主）たちは、自分の土地の生産物のうち、耕作者たちの生活維持に必要な分を超える大部分の生産物のすべてを、自身の邸宅での客の歓待に消費する。余剰生産物の量に応じた多数の従者や召使に囲まれて暮らしている。従者や召使は、そして耕作者たちも、領主に服従して暮らすしかない。

このため領主は、必然的に、彼の領内に住むすべての人々に対して、平時の裁判官、戦時の指揮官となった。領主はみな、誰の不正に対しても全住民の総力を振り向けることができたし、国王を含めて他には誰もそうすることはできなかった。

こうして国王は全国に及ぶ司法権の行使をあきらめざるを得なかったし、地方の民兵の指揮も、各地方の民兵が服従する者（領主）に委ねざるを得なかった。地域ごとに司法権が分割されていた状態の起源が、封建法（the feudal law）にあるとするのは間違いである。

徴兵権も、貨幣鋳造権も、統治のために条令を制定する権限も、すべて封建法なるものが知られる以前から、大土地所有者のものであった。[†14] 封建法はむしろ、大土地所有者たちの専横を抑制するために導入されたものと考えられる。[†15]

ところが、封建諸制度によってはなし得なかったことを商業と製造業の気付かれぬ作用が次第に成し遂げていった。商業と製造業は、大土地所有者が彼の余剰生産物と交換可能なものを、従者や耕作者に分け与えることなく、自分だけで消費・享受できるものを提供した。

いつの世も、すべては自分たちのために、他人のためには何も残さず（All for ourselves, nothing for other people）というのが、主人たちのさもしい格率である。余剰生産物のすべてを自分で消費する手段を見つけた彼らは、他の誰ともそれを分かち合おうとはしなくなった。一対のダイアモンド入りバックルやそれと同様に下らないものと、一〇〇〇人の一年分の生活資料に相当するものとを交換し、それと同時に、一〇〇〇人の人々に及ぼすことのできる勢力と権威のすべてを手放したのである。

大土地所有者たちの個人的支出が増えるにつれて、彼らの従者や借地人の数は減少していった。農地は囲い込まれて拡大され、あるいは借地人に土地保有を長期間保証する見返りに地代を受け取るようになった。他方、商工業者たちは、大土地所有者の支払う対価で生計を立てたが、彼らは特定の領主の支払いに依存してはいないので、独立して生活することができる。

こうして借地人が独立し従者が解雇されてしまうと、大土地所有者はもはや全土にわたる司法権の執行を妨げたり、平和を攪乱したりすることができなくなった。彼らは、子どもの遊び道具に相応しい装身具や飾りと引き換えに生得の権利（birth-right）を売り払い、都市の富裕な市民や商人と変わらぬ存在になった。[†16]

注目すべきことは、こうした変化が、公共の福祉に奉仕しようとの意図を全く持たない二つの社会階層の行動から生じたことである。

大土地所有者は子どもじみた虚栄心を満足させようとしただけであるし、商人や職人も自分たちの利益を考えていただけである。自分たちの利得を図ろうとする行動がどんな大変革をもたらすことになるか、誰も全く意識してはいなかった。[†17]

＊

スミスは、商業と製造業の発達が法の支配と平和な社会秩序をもたらしたこの変化に注目した唯一の著作家はヒューム氏であるとする。スミスと長年にわたる親友であった哲学者のデイヴィッド・ヒュームである。

ヒュームは、『英国史』[†18]第四巻の補遺で、チューダー朝下の社会の気風の変化について、次のように述べる。[†19]

［豪勢な歓待に散財するという］古の遺風が残されていたとはいえ、貴族たちは次第に、優雅な趣味を身につけていった。とりわけ、多くの建造物、すっきりした、巨大な、あるいは壮麗な建築物が、王国に光彩を添えるものとして建設された……こうした支出先の転換は、芸術や工芸を促進したと考えるのが合理的である。他方、かつての豪勢な歓待は、悪徳や無秩序、煽動や無為をもたらした。

他の贅沢として、この時代、華美な衣装が増え始めた。女王はそれを抑制するよう王令を発することを考えたほどであった。とはいえ、彼女自身の示した例は、この王令の趣旨に沿ってはいない。……

古来からの歓待の縮小と従者の削減は、国王の権限伸張にとって好都合であった。大貴族たちの抵抗を不可能とすることで、法の執行が促進され、裁判所の権限が拡張された。ヘンリー七世の置かれた状況と彼の性格には、王権を伸張させた多くの特殊な要因があった。そうした要因は、彼の後継者たちにも見られる。宗派の闘争を経て獲得された、教会の首長としての地位は、もっとも重要な王権である。しかし、この当時を通じて作用した、時代の気風（manners of the age）こそが、一般的な要因であり、それはかつては国王にとって手に負えなかった貴族層の富と影響力を縮減していった。贅沢な暮し振りは、古来の貴族たちから巨大な富を奪い去った。新たな支出は職人や商人の生きる糧となり、彼らは自分自身の努力の成果によって独立して生きた。貴族は、かつては配下の者たちへ限りなく威勢を伸張することを当然としていたが、もはや、商人に対する顧客の影響力ほどしかその手に残されてはおらず、それは政府にとって危険なものではあり得なかった。土地所有者たちはまた、人手よりは金欲しさに、もっとも利潤が上がるようにと土地の用途を転換し、土地を囲い込んだり、小規模な農地を大規模な農地へと集積し、かつては政府を転覆したり近隣の領主に対抗するために召集されていたが、今は不要となった人手を解雇した。こうして都市が拡大した。中間層は富裕となり力をたくわえた。実際には法と同視し得る君主は、絶対的に服従されるようになった。同様の要因から、庶民層の特権にもとづく新たな自由の見通しがもたらされはしたが、それでも貴族層の没落と庶民層の勃興のはざまで、君主はこうした状況の恩恵を被り、ほとんど絶対的な権威を手中にした。

ヒュームによると、「ベーコン卿やハリントンやその他の権威から人が一般に何を想像しようと、ヘンリー七世の法はイングランドの国制に関するこの大規模な変革に対してほとんど貢献をしていない。……時代の気風の変化（change of the manners）こそが、貴族たちの力を弱体化させ統治を変革した、隠れた主要な原因である」[†20]。

特定の為政者たちの意図的な施策の結果ではなく、自身の利益を追求する行動の意図せざる帰結として、平和で秩序だった市民社会が形成されたというわけである。各自の利己的動機こそが原因であり、政治権力の配分と社会秩序のあり方は、その結果として生まれた上部構造にすぎない。自分自身の利益のみを意図する人々は、「他の多くの場合と同様、ここでも、見えざる手（invisible hand）に導かれて全く意図していなかった帰結を促進することになる」[†21]。

スミスの分析はより詳細ではあるが、その大筋はヒュームの議論の跡をなぞったものである。

*

ヒュームは生前、不信心者（infidel）として悪名が高かった。ある日、彼がエディンバラのオールド・タウンとニュー・タウンを隔てる沼地を通っていたところ、狭い通路から沼地にすべり落ちてしまった。肥満体の彼は自分で抜け出すことができず、近くにいた漁師のおかみさんたちに助けを求めた。彼女らは、邪悪な不信心者のヒュームであることに気付き、「主の祈り」を暗唱したら助けると言ったところ、ヒュームはたちどころに暗唱してみせ、首尾よく救出されたとのことである。[†22]

ヒュームの立場は、無神論というより不可知論である。神が存在しないという決定的な証拠はない。しかし、神の存在を論証しようとする典型的な議論、たとえば自然界の精妙な仕組みから至高の設計者の存在を推論する議論や因果関係を究極まで遡ったときに想定される第一原因として神の存在を措定する議論等は、いずれも神の存在の論証に成功していない。[†23]

ヒュームは駐仏イギリス大使の秘書としてパリに滞在していたおり、啓蒙主義哲学者として著名なドルバック男爵邸を訪れた。徹底した無神論者にはまだ出会ったことがないとヒュームが述べたところ、ドルバックは居並ぶ列席者の人数を数えるようヒュームに促した上で（一八人いた）、「悪くない、ここに一五人いますよ。残りの三人はまだ迷っているところだ」と応じたそうである。[†24]

ヒュームは一七七六年八月二五日に六五歳で逝去した。彼の死が近いとの知らせはイギリス全土に伝わり、果たして彼が最後までその懐疑主義を貫き通せるか、悔い改めぬ者に相応しく苦悩と絶望のうちに死ぬのではないか等と人々は噂した。[†25] ともかく自分は天国に行きたいという利己心が、多くの人々の信仰心を支えているものである。[†26]

スミスは、ヒュームによる短い自伝を出版元であるウィリアム・ストローンに送る際、ヒュームの平静で、周囲に対する配慮にあふれた最期の日々を描く書簡を添えた。[†27] 自伝と書簡は、一七七七年に公刊された。

スミスは書簡の中で、ヒュームの哲学上の見解については賛否両論があり得るだろうが、彼の人柄と行状についての評価はほぼ一致するとし、ヒュームはその「生前も死後も常に、完璧な賢明さと有徳の理想に、おそらくは人の生来の弱さが許すかぎりで、限りなく近づいたと私は考えてきた」と評して、世の憤激を買った。かつてグラスゴー大学の道徳哲学講座教授として青年たちに道徳を教えていたスミスが、不信心者を褒め讃えるとは、というわけである。

スミスは、彼が『国富論』でイギリスの全商業システムに加えた激しい批判の一〇倍もの罵詈雑言を、亡き友人ヒューム氏の死に関して彼が執筆した「私には全く無害と思われる紙切れ一枚 a single, and as, I thought a very harmless Sheet of paper」のために被ったと述べている。[†28] それでも、スミスがヒュームに関する見解を撤回することはなかった。[†29]

＊

『国富論』にあらわれる「見えざる手」は、「神の見えざる手」と言い換えられることが多い。しかしスミスは、神を篤く信仰する学者ではなかった。

二〇代はじめの若きスミスは、オクスフォードのベルリオル・コレッジに遊学中、邂逅以前のヒュームの強い影響の下、「哲学的探究を指導し方向づける諸原理 The Principles Which Lead and Direct Philosophical Enquiry」[†30]と題する論文を執筆した。採り上げられている論点の一つに、宗教の起源がある。

スミスによると、未開状態の人類は、彗星、日蝕、雷鳴等の恐るべき不可思議な自然現象に直面して、心の平安を得るため、何か見えざる力が背後で働いていると考えた[†31]。説明のつかない現象は、まずは個別の見えざる存在（invisible beings）の恣意によるものと考えられた。次第に生活の安定と余暇を得た人々は、さらに推測をたくましくして因果関係の鎖をたどった末、世界のすべてを創造し、一貫して統御する唯一の神の観念へと到達した[†32]。

神は心の安定を得ようとした人々のイマジネーションが産み出したものである。神が世界を創造したわけではない[†33]。

『国富論』でスミスが示唆する「見えざる手」は、不可思議な現象を説明するためにアドホックに措定されたものではない。人々の利己的動機にもとづく因果関係が詳らかに説明されている。神とは無関係な手と考えるべきであろう。神に替わって、個々人の意思や行動と無関係に歴史を動かす見えざる力が措定されている。

注

†1　しばしば誤解されることがあるが、モンテスキューが述べたのは、立法・司法・行政の三権が厳格に分離されるとともに、それぞれが一つの国家機関によって独占的に行使されるべきだということではない。モンテスキューの描いた国制モデルでは、行政権を司る国王は、立法拒否権を通じて立法作用に関与する。

†2　Montesquieu, *De l'esprit des lois*, tome I（Flammarion 1979 [1748]）294-304 [I.XI.VI 'De la Constitution d'Angleterre']; see Charles Eisenmann, 'La pensée constitutionnelle de Montesquieu' in his *Écrits de théorie du droit, de droit constitutionnel et d'idées politiques*（Éditions Panthéon 2002）.

†3　Montesquieu（†2）131 [I.II.I].

†4　Ibidem 147-48 [I.III.V].

†5　Ibidem 140 [I.II.IV].

†6　Francis Bacon, 'Of the True Greatness of Kingdoms and Estates' in Francis Bacon, *The History of the Reign of King Henry VII and Selected Works*（Brian Vickers ed, Cambridge University Press 1998）251-52 [Essay, XXIX]. See also ibidem 65-67.

†7　James Harrington, *The Political Works of James Harrington*（JGA Pocock ed, Cambridge University Press 1977）688. 本文で引用したベーコンの文章は、ほぼそのまま、一六五六年に刊行されたハリントンの主著 *The Commonwealth of Oceana* の序文で引用されている（ibidem 157-58）。もっとも、ヘンリー七世はPanurgus、イングランドはOceanaと言い換えられている。

†8　Ibidem 198. ここでハリントンは、ベーコンの『ヘンリー七世治世史』の記述を下敷きにしている（see Bacon（†6）65-66）。See also JGA Pocock, 'Historical Introduction' to Harrington（†7）57-58.

†9　チャールズ一世治下でカンタベリー大主教であったウィリアム・ロード（William Laud）を暗に指している。

†10　Harrington（†7）198.

†11　Ibidem 442-43. ポーコックは、間接税で給与をまかなわれたニューモデル・アーミーは、理念の世界に生きるハリントンにとって反証とはならなかったと言う（Pocock（†8）59）。

†12　Adam Smith, *An Inquiry into the Nature and Causes of the Wealth of Nations*, 2 vols（RH Campbell, AS Skinner, and WB Todd eds, Liberty Fund 1981）; 邦訳『国富論（一）〜（四）』水田洋監訳・杉山忠平訳（岩波

文庫、二〇〇〇-〇一）。邦訳はスミスの生前最後に刊行された第五版を底本としている。

†13 Smith（†12）vol I 412; 邦訳（二）二三五頁。訳に忠実には従っていない。

†14 Ibidem 413-16; 邦訳（二）二三五-三九頁。

†15 Ibidem 417; 邦訳（二）二四〇-四一頁。

†16 Ibidem 418-21; 邦訳（二）二四一-四五頁。

†17 Ibidem 422; 邦訳（二）二四七頁。

†18 David Hume, *The History of England, from the Invasion of Julius Caesar to the Revolution in 1688*, 6 vols (Liberty Fund 1983 [1754-62]).

†19 Hume（†18）vol IV 383-85.

†20 Ibidem 384-85.

†21 Smith（†12）456; 邦訳（二）三〇三頁。「国内で生産できる品物の外国からの輸入にたいする制限について」と題された第四編第二章にあらわれる表現である。

†22 Dennis C Rasmussen, *The Infidel and the Professor: David Hume, Adam Smith, and the Friendship That Shaped Modern Thought* (Princeton University Press 2017) 152.

†23 Don Garrett, *Hume* (Routledge 2015) 312-13.

†24 Rasmussen（†22）125.

†25 Ibidem 199.

†26 'My Own Life'.

†27 'Letter from Adam Smith, LL.D. to William Strahan, ESQ.' ヒュームの自伝（'My Own Life'）とスミスの書簡は、David Hume, *Essays, Moral, Political, and Literary* (Revised edn, Eugene F Miller ed, Liberty Fund 1987 [1741-77]）の巻頭に収められている。

†28 Rasmussen（†22）223.

†29 Ibidem 228.

†30 Reproduced in Adam Smith, *Essays on Philosophical Subjects*（WPD Whitman and JC Bryce eds, Liberty Fund 1982).『諸原理』はスミスの死後、刊行された。

†31 Smith（†30）48–49.

†32 Ibidem 112-14.

†33 Rasmussen（†22）43.

6 『アメリカのデモクラシー』――立法者への呼びかけ

アレクシ・ドゥ・トクヴィルは、ノルマンディーの貴族の家系に生まれた。両親はフランス革命時の恐怖政治下で投獄され、ロベスピエールの失脚がなければ処刑されるところであった。父親は王政復古後の体制で各地の県知事（préfet）を歴任した。

トクヴィルは、三人兄弟の三男として一八〇五年に生まれ、パリ大学で法律を学んだ。一八二七年には、陪席裁判官（juge auditeur）に任命されている。司法官としての彼の経歴は、一八三〇年の七月革命で中断される。

神の摂理により、フランスにおける権威のすべては国王の一身に存すると前文で宣言する一八一四年憲章に代わって、一八三〇年憲章は、フランス人の王（Roi des Français）は即位に際し、両院合同会議において、憲章の遵守を誓うものとした（六五条）。権力の重心は、王から代議院へと移った。

やむなく新体制への忠誠を誓ったトクヴィルは、しかし、自費でアメリカの行刑・監獄制度の視察に赴きたいと上司に願い出た。彼は同僚のグスタヴ・ドゥ・ボーモンとともに、一八三一年九月ニューヨークに到着し、約九カ月間、アメリカ各地を視察した。

アメリカ訪問の成果である『アメリカのデモクラシー』は、第Ⅰ巻が一八三五年に、第Ⅱ巻が一八四〇年に出版された。アメリカでの見聞は、彼の信念を揺るがした。デモクラシーは可能であり、必然である。

*

トクヴィルは、第Ⅰ巻の序の終わり近くで、「注意深く吟味する読者は、本書全体を通じて、いわばそのすべての部分を結びつける一つの根本思想（pensée mère）があることに気付くであろう」と述べる。[†1] 根本思想は、平等へと向かうあらゆる社会の傾向である。

同じ序で、トクヴィルは、この七〇〇年間、大事件と言い得るもので、平等化に貢献しないものはなかったと言う。[†2] 十字軍も対英戦争も、火器や印刷術の発明も、宗教改革もアメリカの発見もそうである。

とりわけフランスでは、歴代の国王が平等化を積極的に推し進めた。かつては貴族が王権に対抗して人民の自由を確保したこともあったが、国王は貴族の地位を低下させるために平民を引き立て、貴族の力を削いで宮廷の飾り物とした。

平等化は各人の意思に反して、またはそれとは意識しないまま進行した。人々は神の手の盲目の道具（aveugles instruments dans les mains de Dieu）として働いた。平等の漸進的な発展は、神の摂理

(fait providentiel) である。[†3] 抗うことはできない。可能なのは、それに順応することだけである。[†4]

社会の平等化は政治のあり方をも変える。封建制は破壊され、さらに君主政もそれを支える貴族の権力とともに打倒される。平等化へと向かうデモクラシーの進展を押しとどめることはできない。そうである以上、デモクラシーを鍛え上げ、その信念を活気付け、気風 (mœurs) を純化し、活動を制御し、経験に即した知識と真の利益を認識させること、時と所、人と状況に即して統治のあり方を適応させること、それが今日、社会の指導者に課せられた第一の任務である。[†5]

全く新しい世界には、新たな政治学が必要である。[†6]

アメリカ社会の検討が必要となるのもそのためである。アメリカは、トクヴィルの言う平等化を目指す巨大な社会変革がほとんどその極限にまで達している国である。[†7] フランスと異なり、アメリカでは民主的変革が単純かつ円滑に進んでいる。遅かれ早かれフランスもアメリカと同様の状況に到達する。トクヴィルがアメリカ社会を検討したのは、フランス人にとって役立つ教訓を得るためである。[†8]

フランスがアメリカと全く同一の社会と政治体制になると決まったわけではない。彼は、アメリカの諸制度は民主的国民が採用する唯一の制度でもなければ最善の制度でもないとする。[†9] しかし、アメリカの経験から得られるものは大きいはずである。

ホッブズやルソーは、人がすべて平等な自然状態から出発した。彼らにとって社会の階層化は、人々が結集して政治社会を作り出した後に生まれたものである。トクヴィルはそうは考えない。歴史は階層化した不平等な状態から、すべての人が平等となる状態へととどまることなく進展している。人の行うことのすべてが、本人の意思とは無関係に平等化を推し進める。それは神の摂理である。「神の見えざる手」という言い回しは、表面的なことば遣いからするかぎり、アダム・スミスではなく、トクヴィルにこそ相応しい。

*

ホッブズは神が存在する確証はないと考えた。「人の死後の状態について自然に得られる知識は何もない。信仰の違背への報いが何かについてはなおさらだ。……ただそれを超自然的に知り得た人々を知っている人たちを知っているという人々のことばにもとづく信仰があるにすぎない」とホッブズは言う[†10]。

ルソーに至っては、宗教はつまるところ政治の道具だと述べている[†11]。もともと宗教は各国の基本法（憲法原理）と同一であった。国家と国家の戦いは、神々の戦いでもある[†12]。

トクヴィルは宗教をどう見ていたのであろうか。彼は、アメリカ人の宗教心が、アメリカのデモクラシーを支えていると言う。唯一神の下に各人が独立かつ平等であると主張するプロテスタンティズムがデモクラシーと親和的であることは明らかである[†13]。しかし彼は、カトリシズムでさえ、デモクラ

シーと親和的であることを指摘する。聖職者の下、すべての平信徒は平等に扱われるからである。[†14]

さらにトクヴィルは、アメリカの宗教がキリスト教特有の社会道徳を行き渡らせている事実を指摘する。確固たる道徳心が、人々が自由に活動する平等な社会生活を支えている。政治の絆が弱まる共和政においてこそ、信仰によって支えられた道義の絆の必要性は高まる。[†15]「専制は信仰なしですませることができる。自由な社会はそうはいかない」。[†16]

一八四〇年に刊行された第Ⅱ巻でも、トクヴィルは宗教上の信仰心について語っている。彼によると、神と人の魂、そして神と同胞に対する義務について確固たる観念を抱くことは、人が社会生活を送る上で必要不可欠である。理性のみによって確固たる判断にいたる能力は、多くの人々には欠けている。大衆にも分かりやすい形で明確に、生きる上での問題を解決すること、それが宗教の役割である。このため、国の宗教が破壊されると、人々は懐疑に取りつかれ無気力状態に陥ってしまう。信仰のない人は隷属状態に陥る。自由であるためには、信仰が必要である。[†17]

トクヴィルは、社会生活や政治体制を支える宗教の社会学的機能について語っているようである。それは神への信仰が正しいか否かとは直結していない。

彼は、人が生きる上で信仰は不可欠だと考えていた節がある。六〇年そこそこの人生での不完全な喜びが人を満足させることはない。あらゆる存在者（tous les êtres）の中で人間だけが生存への嫌悪と同時に生存への飽くなき執着を示す。生きることを軽蔑しつつも、無を恐れる。こうした矛盾する本能が人の心をやむことなく来世へと向かわせ、宗教がその導きとなる。希望がそうであるのと同様、

宗教は人にとって自然なものである。[†18]
しかしこれも人にとっての信仰の必要性を説いているにすぎない。信仰の内容が真実であるか否かにかかわる議論ではない。

*

トクヴィルは、『アメリカのデモクラシー』の第I巻第一部で、ニューイングランドにおける地域共同体（township）の自治の重要性について語っている。
トクヴィルによると、人々が集まれば自然に生まれるのが地域共同体である。したがって、地域共同体はいかなる国にも存在する。しかし、地域共同体の自治（liberté communale）は稀であり、しかも壊れやすい。[†19]
地域共同体の自治を確立することは困難であり、権力の侵害を受けやすい。国民の思想や習慣と一体化し、気風に根付くことのないかぎり、それは簡単に破壊される。個々人の努力で出来上がるものではない。
しかし、人民の自由の力は地域共同体にこそある。地域共同体の諸制度が自由にとって持つ意味は、小学校が学問にとって持つ意味に相当する。これらの諸制度を通じて、人々は平穏に自治を味わい、それに慣れる。地域の自治制度がなくとも、国として自治的（民主的）な政府を樹立することはできるであろうが、そこに自治の精神はない。束の間の情熱や関心、偶然の事情で人民による政治の外観が備わることはあり得るが、遅かれ早かれ、抑え込まれていた専制が顔をのぞかせる。[20]

フランス語の liberté には、個人の自由という意味に加えて、政治体の自治・独立という意味も含まれる。トクヴィルはここで、二つの意味の間を行き来している。[21]

トクヴィルによると、ニューイングランドの地域共同体の人口は、二千人から三千人である。住民の利害がほぼ共通しており、しかも行政手腕を備えた人を見出せるほどの規模ではある。[22] しかし、住民は「立法者 législateur」にも耳を貸さないほど無教養な人々からなっている。啓蒙が進むにつれて、地域の自治はより容易にではなく、より困難となる。文明の進んだ社会は、なかなか地域の自治を許さないものだとトクヴィルは言う。[23] フランスを含めたヨーロッパ諸国のことを言っているのであろう。

「立法者」は、ルソー『社会契約論』の第二編第七章に登場する。その任務は、建国にあたって人民に対し国の基本的なあり方を提案することである。『アメリカのデモクラシー』に登場する「立法者」はしばしば、マディソン、ハミルトン等の合衆国憲法の立案者——建国の父たち——を指している。[24] トクヴィルは、ルソーの真摯な読者であった。

アリストテレスは、人はその本性からして「政治的動物 zoon politikon」であるとしたが、[25] その舞台となる国家は、「一望できる程度」の大きさであるべきだと述べている。[26] 人々の生活の要求に応える国家生活を自足的に成り立たせるほどの規模は必要だが、どのような公職を誰に割り当てるべきかが判断できる程度には、皆が皆を知っている必要がある。その規模を超えて国家が膨張すると、公職者の選出や判決は劣悪になるとアリストテレスは言う。[27]

小規模な政治体の長所を指摘する点で、アリストテレスとトクヴィルは共通している。

＊

自発的結社に関するトクヴィルの議論は、日本では「ルソー＝ジャコバン型」と「トクヴィル＝アメリカ型」という近代社会の二つのモデルを通じて知られている。[28]

トクヴィルは、「民主国家においては、結社に関する学問はすべての学術の根本である」と言う。他のすべての学術の進展は、結社に関する学問の進展に依存している。[29]

アメリカでは、年齢、境遇、思想の如何を問わず、誰もが結社を作る。商工業の団体だけでなく、宗教上の結社、道徳向上のための結社、真面目な結社、不真面目な結社、大きな結社、小さな結社、ありとあらゆる結社がある。新規の事業を始めるのは、フランスなら政府であり、イギリスなら大地主だが、アメリカでは結社である。[30]

貴族制社会には力と富を蓄えた少数の人々がいる。彼らが事業を始めると、他の無力な人々は協力せざるを得ない。民主社会では誰もが無力である。仲間に協力するよう強いることもできない。自発的に結集して協力する術を学ばない限り、誰も何事もなし得ない。

多数のメンバーを結集して結社を運営することは、決して容易なことではない。だからと言って、無力な諸個人の代わりに政府があらゆることを引き受ければ、人々の自治の精神は失われ、産業も衰退する。トクヴィルは、社会の平等化によって消え去った有力な諸個人の代わりになるのは、結社だと言う[†31]。

アメリカ人を結社へと向かわせるのは、「正しく理解された自己利益 l'intérêt bien entendu」[†32]である。アメリカ人は共同の利益に奉仕する徳を称揚しようとはせず、それは各自の利益にもなるのだと言う。自身の利益を正しく理解すれば、それは相互の助け合いと協働の事業へと向かうというわけである。自己利益と無関係に人を動機付けることはできない。

トクヴィルは、正しく理解された自己利益という考え方は、高尚とは言えないが「明晰で確実claire et sûre」だと言う[†33]。誰もが容易に理解することができ、人々の情念をたくみに抑制して、穏和で先見性のある規律ある人間を作り出す。彼によれば、それはあらゆる哲学理論の中で、現代人の必要にもっとも適合したものである[†34]。

*

トクヴィルは、民主社会が専制に陥るリスクを指摘する。『アメリカのデモクラシー』の第Ⅰ巻で指摘されるのは、多数派による専制のリスクである。ある社会が内部の矛盾・衝突のために解体してしまわないためには、どこかに他のすべてに優越する一つの力がなければならない。しかし、この力が何の障害もなくその力を振るえば、自由は危機に瀕する。彼は、「アメリカで私がもっとも嫌悪するのは、極端な自由の支配ではなく、［多数派の］専制に抗する保障がほとんどないことだ」と言う[†35]。少数者が不正な扱いを受けたとき、誰に訴えればよいか。世論は多数者が形成するし、立法府は多数者を代表し、執行権は多数者が任命する。警察は武装した多数者に他ならず、陪審制は多数者に判決を下す権限を与える。裁判官でさえ、州レベルではしばしば選挙によって選ばれる。少数者がどれほど不正で不合理な目に遭おうとも、忍従せざるを得ない。

トクヴィルは、万が一にもアメリカで自由が失われることがあれば、少数者を絶望に追いやり、実力に訴えざるを得なくした多数者の全能に責めを帰すべきであろうと言う。多数者の専制の結果として、混乱した無政府状態が帰結しかねない[†36]。

他方、トクヴィルは第Ⅱ巻の末尾で、民主社会において完全に平等化した諸個人が自身の無力を感じるあまり無気力となって各自の利益にのみ関心を集中し、集権的政府の柔和な専制に服するリスクを指摘する[†37]。

私の目に浮かぶのは、無数の互いに似通った平等な人々が矮小で低俗な愉しみで胸を膨らませ、それを手に入れようと休みなく動き回るさまである。誰もが自分に引きこもり、他の誰の人生にも関心を持たない。彼にとっては子どもと親友だけが人類のすべてである。残りの同胞市民は傍らにはいるものの、彼らを見ることはない。触れ合ってもそれを感じることもない。彼は彼自身だけで、自身のためにのみ存在する。家族はまだあるとしても、少なくとも祖国は存在しない。

ニーチェの言う「末人」の世を思わせるこうした人々の背後には巨大な後見的権力が屹立し、人々の生活を微に入り細に入り、穏やかかに規制し面倒を見る。権力に歯向かわず、人々が娯楽に興じることが、権力にとっては都合がよい。人々は、自分たち自身がこの後見的権力を選んだことを思い起こし、考えることもなく、安んじてその手に身を委ねる。権力は中央に集中し、人々は地域の小事についても自主的に決めることを忘れる。しかし、自主独立の気風を失った人々が、いかにして自分たちの指導者を適切に選ぶことができるだろうかとトクヴィルは懸念を示す[†38]。

こうした柔和な専制の出現を阻止し得るのも、結社である。かつての貴族制社会であれば、有力な少数の貴族が王権に対抗し、その付随的帰結として人民一般の自主と自由を守ることができた。しかし、平等化が進む今日において、貴族制を復活させることは望み薄である。

私はこの世界に貴族制を新たに築くことはできまいと固く信じている。だが普通の市民が団体をつくって、そこに非常に豊かで影響力のある強力な存在、一言で言えば、貴族的な人格(personnes aristocratiques) を構成することはできると思う[†39]。

そうすれば、かつての貴族制のような不正とリスクなしに、最大の政治的便益を手に入れることができる。政治結社、商工業の結社、学芸の結社でさえ、権力の要求に抗して自己の権利を主張し、その帰結として人々の共通の自由（libertés communes）を擁護することができる。そして、こうした市民に共通する要求を国全体に周知させるには、新聞の自由が何より重要である[†40]。

インターネットが普及して誰もが情報の発信者となり得る現代では、新聞やテレビをはじめとするマスメディアの役割はもはや終わったかのように言われることがある。トクヴィルが現代に生きていれば、それは全く逆だと言うであろう。

ここでも「自由 liberté」の二つの異なる意味が拮抗している。貴族や結社が守ろうとする自由は、政府に対抗して守られる優越的で特殊な人々、エリートの自由である。他方、平等へと向かうとどまることなき傾向は、自分たちの同類が選択した地方政府や中央政府に従うこと、それのみに従うことこそ自由だとの信念を生み出す[†41]。前者は少数者に認められた特権であり、後者はすべての個人が生来、平等に享有する自由である。

しかし逆説的にも、前者は専制に対する防波堤となり、後者は専制を招来する。すべての個人が平等に自由な社会では、すべての個人がばらばらで平等に無力である[†42]。専制に抗するには、二つの自由を併せ持つ必要がある。人々の結集を通じて社会のつながりを回復し、破壊された貴族制の要素を再建して人々に力を与え、専制を抑止する必要がある。それは永遠に未完の、繰り返し遂行されるべき任務ではあるが[†43]。

平等な民主社会はうわべの形式であり、深刻な不平等を覆い隠しているとの批判は多い。巨大な私的団体が個人の自由と平等を侵害している。しかし他方で、人々を平等化し分断し破砕化する止めどない圧力がもたらすリスクを無視することはできない。貧富の較差、力の較差はたしかにある。それらは是正されるべきである。ただ、是正された後に到来する平等社会に伴うリスクを抑止しようとすれば、人々の自発的結集を通じてさらなる富と力の不均衡が発生する。永遠の繰り返しである。

＊

『アメリカのデモクラシー』は新しい世界のための新しい政治学である。それは、平等化が進展した民主社会の政治指導者のための、民主社会の「立法者」のための書である。

ところで、社会の平等化は、誰にも押しとどめることのできない神の摂理であった。神の摂理が働いているとすると、民主社会の政治指導者には、どれほどの判断と行動の余地が許されているであろうか。トクヴィルの立場は揺れ動いているように見える。[†44]

彼は、立法者は数多くの努力の末、ときに間接的に国民の運命に影響を及ぼすことができるにすぎないと言う。立法者によっては動かしようのない国の地理的位置、社会状態、由来不明の気風や観念、立法者の与り知らぬ国民の起源が社会の動きを定めており、立法者がそれらと抗っても無駄である。立法者は、大海原で船を操る人に似ている。針路を定めることはできるが、船を造り変えたり、風を吹かせたり、海の波を静めることはできない。[†45] 結局のところ、立法者に可能なことは限られている。

他方、トクヴィルは、決定論に飲み込まれるべきではないとも言う。第Ⅱ巻第一部第二〇章「民主的世紀の歴史家に特有の傾向について」で彼は、古典古代の歴史家たちが、すべてのできごとを数人の偉大な個人の業績として語るのに対し、近代の歴史家たちは、歴史の動きを何らかの一般的な要因に還元してしまい、歴史における個人の役割を全面的に否定しようとすると言う。

民主的な時代に生きる歴史家たちは、人民の運命に働きかける個々の市民の力を否定するだけでなく、人民自身からもその運命を動かす能力を奪い去り、不変の摂理や盲目の宿命の下に従属させる。彼らによれば、各民族は、その位置と起源と過去の歴史とその性向により、いかなる努力によっても変えようのない宿命に克服し難く結びつけられている。[†46]

トクヴィルが言いたいのは、こうした歴史観を信じ込んでしまえば、民主社会は本当にそうなってしまうということである。こうした宿命論の教義が著者から読者に伝わり、市民全体の心の中に浸透すれば、いずれそれは社会の新たな運動を麻痺させ、キリスト教徒を圧制に屈従したままのトルコ人に変えてしまうだろうとトクヴィルは言う。[†47]

神の摂理は人類を完全に独立したものとしても、完全に従属したものとしても創造しはしなかった。それは各人の周りに、決して脱け出ることのできない運命の円を描いている。ただ、その広大な境界線の中では、人は力強く自由である。人民も同じである[†48]。

自己実現的予言に騙されて自らの運命を切り拓く気概を失うなと、トクヴィルは呼びかけている。

注

†1 Alexis de Tocqueville, *De la démocratie en Amérique*, tome I (Gallimard 1961) 53; 邦訳『アメリカのデモクラシー』第一巻（上）松本礼二訳（岩波文庫、二〇〇五）三〇頁。訳に忠実には従っていない。
†2 Ibidem 40; 邦訳一三頁。
†3 Ibidem 41; 邦訳一四頁。
†4 Ibidem 42; 邦訳一五頁。
†5 Ibidem 42; 邦訳一六頁。
†6 Ibidem 43; 邦訳一六頁。
†7 Ibidem 50; 邦訳二六頁。
†8 Ibidem 51; 邦訳二七頁。
†9 Ibidem 347; 邦訳第一巻（下）一一一頁。
†10 Thomas Hobbes, *Leviathan* (Richard Tuck ed, Cambridge University Press 1996) 103 [chapter 15].
†11 Jean-Jacques Rousseau, *Du contrat social*, livre II, chapitre 7.
†12 Ibidem livre IV, chapitre 8. もっともルソーは、神の存在も不在も論証はされ得ないものの、神の存在を否定することは日常生活を支える信念への攻撃であって、人の情としては残酷で耐え難いとし、理性がそれを疑い得ることは分かってはいるが、魂の不滅性を進んで信じると述べる（'Lettre de J.-J. Rousseau à Monsieur

de Voltaire' in *Œuvres complètes*, vol IV（Bernard Gagnebin et Marcel Raymond eds, Gallimard 1969）1059 ff.; see also 'Lettre à Monsieur de Franquières' in *Œuvres complètes*, vol IV 1133 ff.）。

†13　Tocqueville（†1）427；邦訳第一巻（下）二一二頁。

†14　Ibidem 427-28；邦訳二一三頁。

†15　Ibidem 430-36；邦訳二一七-二二五頁。

†16　Ibidem 436；邦訳二二四頁。

†17　Alexis de Tocqueville, *De la démocratie en Amérique*, tome II（Gallimard 1961）36-39；邦訳第二巻（上）四四-四八頁。

†18　Tocqueville（†1）439；邦訳第一巻（下）二二八頁。

†19　Ibidem 111；邦訳第一巻（上）九六頁。

†20　Ibidem 112-13；邦訳九七頁。

†21　'freedom' という英語も、集団の自治・独立という意味合いで使われることがある。植民地の本国からの独立が「民族の解放」とか「自由の回復」と呼ばれるときがそうである。たとえ、独立後の政府が国民の自由を抑圧する独裁政権であっても。

†22　Tocqueville（†1）113-14；邦訳九九頁。

†23　Ibidem 112；邦訳九六頁。

†24　Ibidem premièr partie, chapiter VIII, passim；邦訳第一部第八章各所。

†25　『政治学』牛田徳子訳（京都大学学術出版会、二〇〇一）九頁［1253a］。

†26　同上三五六頁［1326b］。

†27　同上。ルソーも、国家には自給自足できる程度の規模は必要だが、あまり膨張すると社会的紐帯が緩み、力を失うと言う（Rousseau（†10）livre II, chapiter 9)。

†28 樋口陽一『憲法〔第四版〕』（勁草書房、二〇二一）三七–四二頁。

†29 Tocqueville（†17）159；邦訳第二巻（上）一九五頁。

†30 Ibidem 154-55；邦訳一八八–八九頁。

†31 Ibidem 155-58；邦訳一九〇–九四頁。

†32 Ibidem 174；邦訳二一三頁。See also Alan Ryan, *On Tocqueville: Democracy and America*（Liveright Publishing 2014）83-86.

†33 Tocqueville（†17）175；邦訳第二巻（上）二一四頁。

†34 Ibidem 176；邦訳二一五頁。

†35 Tocqueville（†1）378；邦訳第一巻（下）一五〇頁。

†36 Ibidem 388；邦訳一六三頁。

†37 Tocqueville（†17）434；邦訳第二巻（下）二五六頁。

†38 Ibidem 434-38；邦訳二五六–六二頁。

†39 Ibidem 442；邦訳二六七頁。

†40 Ibidem；邦訳二六七–六八頁。

†41 See Pierre Manent, *Tocqueville et la nature de la démocratie*（Gallimard 1993）35-37.

†42 Ibidem 41-46.

†43 Ibidem 47-48

†44 See Steven B Smith, *Political Philosophy*（Yale University Press 2012）238-42.

†45 Tocqueville（†1）252-53；邦訳第一巻（上）二六六–六七頁。

†46 Tocqueville（†17）124-25；邦訳第二巻（上）一五五–五六頁。

†47 Ibidem 125；邦訳一五六–五七頁。

†48 Ibidem 455; 邦訳第二巻（下）二八二頁。

7 ボシュエからジャコバン独裁へ——統一への希求

ジャック・ベニニュ・ボシュエは、フランス絶対王政のイデオローグとして知られる。ボシュエは一六二七年、ディジョンの司法官の家柄に生まれた。イエズス会の教育を受けた後、メスの司教座聖堂参事会員となった彼の説教師としての声望は次第に高まり、一六六九年にコンドムの司教となり、さらに一六七〇年にはルイ一四世の王太子付きの指導教師となった。一六八〇年に指導教師の務めを終えた彼は、一六八一年にモーの司教となった。マルブランシュ、ピエール・ジュリウー、フランソワ・フェヌロン等と論争を繰り広げた彼は、「モーの鷲 l'Aigle de Meaux」と呼ばれた。

彼の主著『聖書のことばそのものにもとづく政治論 *Politique tirée des propres paroles de l'Écriture sainte*』は、彼の死の五年後の一七〇九年に刊行されている[†1]。「聖書のことば *paroles de l'Écriture sainte*」とタイトルにはあるが、引用はほとんど旧約聖書からである。

ボシュエ研究で知られるジャック・トリュシェは、この点について、「旧約は一連の歴史書に加えて制度、正義、政府、戦争等に関する多くの訓戒を示すが、新約にそうした言辞は稀である。政治的観点から聖書を検討すれば、必然的帰結として、福音の趣の希薄な著作が生まれる[†2]」と説明する。同書でのボシュエの意図は、愛と慈悲を説くことではなかった。

＊

ボシュエが生きた時代のフランスは、カトリックとプロテスタントの激しい対立の中にあった。彼の仕えたルイ一四世は、プロテスタントの信教の自由を限定的に認めたナントの勅令を一六八五年に廃止し、二〇万人にも及ぶプロテスタントの国外流出を招いた。総人口比で言えば、今日の何百万人にも相当する数である。それでもボシュエは、大法官ミシェル・ル・テリエの追悼演説で勅令廃止を熱烈に擁護している。

神は彼［ル・テリエ］に、宗教上の大事業の完遂を委ねました。彼はかのナントの勅令の廃止に押印した後、この信仰の勝利、王の敬虔のかくまでに見事な瞬間の後には、もはや自らの命が尽きることも恐れないと述べたのです。[†3]

ル・テリエは押印の一五日後に逝去した。

ナント勅令廃止を擁護するボシュエの出発点にあるのは、王を中核とする国家の統一という固定観念である。王太子を読者として想定した *Politique* で、彼は君主の荘厳とは何か、君主の地位とは何かという問いへの回答を次のように描く。

王たちを取り巻くうわべのおごそかさや庶民の目を眩ませる見せかけをもって荘厳（majesté）とは私は言わない。それらは、真の荘厳の反映であり、荘厳そのものではない。

荘厳とは、君主の示す神の偉大さの表象（l'image）である。

神は限りなく、神はすべてだ。君主は、君主である限り、私人として理解すべきではない。君主は公人（personnage public）であり、国家全体が彼の中に存する。人民全体の意思が彼の意思に込められている。神の中にすべての完全性とすべての徳が統合されるように、すべての個人の力が君主の人格に統合される。一人の人間の中にかくも大いなるものが含まれようとは、何と偉大なことであろうか。[†4]

自分の立てた問題に自分で回答して、その内容に驚愕を示しているわけである。相当に面倒くさい人間であることが分かる。

唯一不可分の王権が国家の統一を実現する。人々が同じ場所に住み、同じことばを話すだけでは、十分ではない。人間はその激情と気質の違いのため、一つの政府に自然に従うことはない。アブラハムとロトが袂を分かったのも（『創世記』13: 6–9）そのためである。[†5]

唯一不可分の王権は人々の気儘さに箍《たが》をはめる。各人が各人の望むことをするだけでは、すべては

混乱に帰する。[†6]

聖書が繰り返し指摘するのも、その点である。暴虐なアンモン人に反撃せよとのサウルの指令の下、「イスラエルの民は一人の人間のように現れ出た」(『サムエル記　上』11: 7)。

見よ、これこそ、各人が自己の意思を捨て、それを君主である裁き司の意思へと譲渡し、統一したとき立ち現れる人民の統一である。さもなければ、統一はない。人民はばらばらの家畜のように流浪者となる。[†7]

君主によって代表されることではじめて、ばらばらの群衆であった人々は、一つの人民となる。王権による国家の統一が必要なのは、それによって各人の安全が保たれるからである。国家のすべての力は集中され、主権者たる司はそれらを束ねる権限を持つ。人々はそこから利益を得る。君主が統合する権力は、人々が譲渡する権力よりも強い。

かくして各人は抑圧や暴力から解放される。君主は力を奮って各人を保護することに利益を見出す。彼以外の力が人民の間で優勢となれば、彼の権威と生命が危機に瀕するからである。[†8]

＊

ボシュエの論理の背後には、ホッブズの論理が垣間見える。ボシュエはホッブズの注意深い読者であった。[†9] 主権者に代表されることではじめて人民が立ち現れ、国家が成立するという論理も含めて。ナントの勅令廃止後、オランダに亡命したプロテスタントの神学者ピエール・ジュリウーへの論駁の中で、ボシュエは、人民が本来自然の主権者であるとのジュリウーの論理は誤りだとする。

政府が樹立される以前の自然の人々を見るならば、そこにはあらゆる者が凶暴かつ野蛮に自由である無秩序（l'anarchie）しかない。各人はすべてが自分のものだと主張し、他者の主張に抗う。そこではすべての者は警戒し、すべての者に対して継続的な戦闘状態にある。そこでは理性（raison）に意味はない。各人が自己の感情が赴くところを理性と呼ぶだけだから。そこでは自然の法でさえ無効である。理性にも効力はないから。したがって、そこには財産も安らぎもあり得ない。最強者でない限り、誰にも本当の権利があるとは言えない。[†10]

まるで『リヴァイアサン』の描く自然状態そのままである。王権への反抗とそれがもたらす国家の分裂は、万人の万人との戦いをもたらす。主権者たる君主に統一的に代表されることではじめて、国家が成立し、混乱は収束する。

ボシュエがフランスの王権を守るために対抗した相手は、プロテスタントだけではない。ローマ教皇庁も敵であった。ボシュエの起草にかかると言われる「四カ条の信条 les quatre articles」は、その第一条冒頭で以下のように述べる。[11]

聖ペトロとその後継者たち、イエス－キリストの代理人たち、そして教会全体でさえ、神からは霊的事柄にかかる権限、永遠の救済にかかる権限のみを受け取っており、世俗の事柄にかかる権限は一切受け取っていないこと。イエス－キリストはわれわれに、彼の王国はこの世のものではないと教え、また、カエサルにはカエサルのものを、神には神のものを返せと教え、さらに聖パウロはかく堅く教えていること――すべての者は、上位の権威に従うこと、なぜなら神から来ていない権威は存在せず、地上にある権威は神の定めたものだから。権威に逆らう者は神の命に逆らうことになる。したがって王と主権者たちは、世俗の事柄に関して神の命により教会のいかなる権威にも服さないこと、王と主権者たちは、教会の首長の権威によって直接にも間接にも廃位されることはあり得ないことをわれわれは宣言する。

フランス国王の王権は、直接、神に由来する。教皇や教会を経て伝えられたものではない。したがって、教皇に国王を廃位する権限はあり得ない。典型的なガリカニズムである。[12]

プロテスタントにもカトリックにも対抗して世俗の権力を統一し、紛争の芽を摘んで国内の平和を確立する。ボシュエはポリティークであった。

＊

絶対主義（absolutisme）とは、王権が法から解放されている（absolue）ことを意味する。しかしそれは、専制政治（gouvernement arbitraire）とは異なるとボシュエは言う。[†13]

専制政治には四つの特徴がある。

第一に、そこでは臣民は生まれながらに奴隷であり、まことの農奴である。自由人はいない。

第二に、誰にも固有の財産（propriété）はない。あらゆる富は君主に帰属する。父から子への相続の権利さえない。

第三に、君主には意のままに、臣民の財産だけでなく生命さえ処分する権利がある。奴隷がそうであるように。

第四に、君主の意思以外に法はない。

専制政治は野蛮で忌むべきものである。これら四つの特徴は、フランスの習俗（mœurs）とは異なる。フランスに専制政治はない。

政府が絶対的であることと、専制的であることとは異なる。絶対王権の下では、君主はいかなる人的権威からも独立している。だからと言って、君主が専制的になるわけではない。すべては神の審判に服する上（それは専制体制でも同様であるが）、王国の基本法（des lois dans les empires）があり、それに反する行為は法的に無効（nul de droit）である。そして必ず是正の可能性がある。他の機会、他の時機に。[†14] 各人は自身の財の正当な所有者であり、何人も法に反して何であれ占有し続けることができるとは思わない。不正と違法行為に対する法の警戒と行動とは不滅である。それは正当な政府であり、本性において専制的政府の対極にある。[†15]

しかし、絶対主義の下、王権がたとえ不正を犯したとしても、それを強制的に是正する余地はない。強制的権限はすべて君主に属する。

国内において武装するのは君主のみである。さもなければすべては混乱し、国家は無秩序へと陥る。[†16]

君主を定めた神は、君主の掌中にすべてを託す。審判する主権的権威もその他の国家的権威も。イスラエルの民は、「王がわれわれを裁き、われわれの先頭に立って進み、われわれの戦いを戦う」ことを望んだ（『サムエル記　上』8: 20）。これに対しサムエルは、王の権威は絶対であり、いかなる他の権威によっても拘束され得ないと宣言した。「あなた方を治める王の権威は次の通りである。彼はあなた方の息子をとり、自分に仕えさせる。彼はあなた方の土地を取り上げ、最上のものを彼の臣下に与える」[†17]。

君主にこうしたことを合法的に行う権限はあるだろうか。神はそれをよろこばない。神はそうした権限を君主に与えはしない。しかし、人的正義に関する限り、君主は罰せられることなく（impunément）それを行う権限がある。君主は臣民に対して責任を負うことはない。彼が責任を負うのは、神に対してのみである。

ダビデは、ヘテ人ウリヤの美しい妻バト・シェバを見初め、ウリヤを意図的に死地に送って戦死させるよう、指揮官のヨアブに秘かに命じた。ウリヤの死後、ダビデはバト・シェバを召し入れた（『サムエル記　下』11: 14-27）。

預言者ナタンに神の怒りを伝えられたダビデは言う（『詩篇』51: 3-6）。

私を憐れんで下さい、神よ、あなたの恵みにふさわしく。……
あなたに、あなただけに私は罪を犯し、
あなたの目に悪であることを私は行いました。

ダビデが罪を犯したのは、ウリヤに対してでも、巻き添えになって戦死したイスラエルの兵に対してでもない。ヤハウェに対してのみである。

ボシュエは、聖アンブロシウスによる『詩篇』の注解を引用する。「ダビデは王であり、罪人をしばる刑罰から自由であるため、王が法に服することはない」[18]。

王が遵守すべき法がないわけではない。王は公平でなければならず、民の模範でなければならない。しかしそうしなかったとしても、王は法の定める刑罰に服することはない[19]。バト・シェバは、ダビデの後継者、ソロモンを生んだ（『サムエル記　下』12: 24)。

*

臣民は君主に対して、祖国に対するのと同様に仕える義務がある。国家全体が君主の一身に在るのだから。君主に全人民の意思が込められている[20]。

臣民は国家に対し、君主の理解に即して仕える義務がある。国家を指導する理性は君主に存するのだから。君主に仕えるのとは別に国家に仕える途があると考える者は、自身に王権の一部があると思い込んでいる。それは公安を害し、すべての者の首長との合致を阻害する。君主はすべての秘事を知り、公事のすべてを理解する。一時たりとも彼の命令に背くことは、すべてを偶然事に委ねることである[21]。国益の有権解釈権は君主にのみある。

君主の利益と国家の利益を区別する者は、公共の敵である。国家の敵は君主の敵と呼ばれる。人民を攻撃する者はその君主を攻撃する者でもある。人民を攻撃することなく、君主を攻撃することはできない[22]。

君主は公共善として愛されなければならない。「君主よ永遠であれ」との叫びがかくして生まれる。アブサロムの叛乱に際してダビデが民と共に出陣しようとしたとき、民が「出陣してはいけません。あなたは町にいてわれわれを助けて下さる方がよいのです」と言って押し止めたのも（『サムエル記下』18: 3）、そのためである。[†23]

君主が完璧に服従されないとき、公の秩序は覆される。神は君主を地上における代理人とし、その権威を神聖にして侵すべからざるものとした。[†24]

*

政治思想史家のリュシアン・ジョームは、フランス革命の際、ジャコバン独裁が目指したのは、ボシュエの描いた国家の一体性であったと指摘する。[†25] 信仰の統一は教会が単一の教義を示し、信徒全体を代表することで果たされる。イエス－キリストは次のように父なる神に祈る（『ヨハネによる福音書』17: 21–23）。

皆が一つであるように。父よ、あなたが私のうちにおられ、私もあなたのうちにいるのと同じように、彼らも私たちのうちにありますように。……あなたが私に与えて下さっている栄光を、私も彼らに与えて来ました。私たちが一つであるのと同じように、彼らも一つであるようにと。私は彼らのうちにおり、あなたが私のうちにおられます。彼らが全うされたものとなり、一つとなるためです。

キリストは彼自身のうちにすべての信徒を代表する。キリストは統一された全体を代表する部分である。[†26]代表者への無私の信従なくして、救済はあり得ない。[†27]ジャコバン革命政府が目指した国家像もこれとパラレルである。彼らの言説も宗教的な言辞に彩られていた。

国家の一体性を実現するには、人民全体を統一する指導部を樹立し、異質な分子を排除する必要がある。一般利益に仕える徳（vertu）のためにあらゆる私的想念は捨て去られねばならない。

革命政府が自己浄化（auto-épuration）を絶えず唱導したのもそのためである。中央による発言と行動以外、いかなる発言・行動もあってはならない。[†28]革命の敵は国外に逃亡しない限り、即決裁判とギロチンによって排除される。教養や啓蒙ではなく、信念と意思が要求される。人民の浄化と人民の代表は同時に遂行される。全人民が同質となり再生することで、はじめて統一的な代表が可能となる。そのとき代表者たる革命政府と人民とは一体化し、真の人民主権が実現する。[†29]

代表者は、革命的統治にあっては、腐敗した現実の民意に即して行動すべきではない。代表者は未だ存在しない人民を代表しており、現に存在する人民の意思に反して行動すべきである。通例、ジャコバン主義と同義とされる命令委任は端的に否定される。[†30]

一七九三年八月一〇日、国民公会でクロード・ロワイエが読み上げた「共和国の一体性と不可分性、自由・平等・友愛さもなくば死、暴君との戦い、連邦主義者との戦い」と題されたフランス人民への呼びかけは、そうした終末論的心情を典型的に示している。[†31]

パリが共和国にあるのではなく、共和国のすべてがパリにある。我等すべての心は一つだ。我等すべての魂は混合され、勝ち誇る自由はその視線をジャコバンに、我等が兄弟と朋友にのみ注ぐ。おお、我等が同志よ、友よ。あまりの感覚の昂揚で、多くを語ることはできない。フランスを分裂させようとする連邦主義者どもは震え上がる。我等は共和国の一体性を誓った。この誓いは、すべての陰謀家、裏切り者たちの死刑判決となろう。穏健派（le Marais）はもはや存在しない。我等は、すべての王党派と暴政の手先に火を吐きかける、巨大で恐るべき山岳派のみとなるのだ。パリを誹謗した下劣な中傷者どもよ、滅びよ！　かような大罪には死のみが相応しい。いや、彼らは平等の責め苦に耐えることとなろう。そして我等が至福の証として、永遠の悔恨に処せられるだろう。

ジョームがもう一つの典型例として挙げるのは、一七九四年二月四日付けの公安委員会の布告である。[†32]布告は、連邦主義の不純な残滓を一掃すること、公職を汚す陰謀を暴くべきこと、愛国者を装う偽善者の仮面を剝ぎ取ること、暴君の手先、加担者、密使による錯雑した手管を追及すること、そして同時に、世に埋もれて生きる有徳者を明らかにし、再生の計画と革命の規律の働き手となり得る慎み深い才能の士を発見して鼓舞し、純粋で開明され勇気ある、暴政に耐え得ぬ者を公職に就けることを呼びかけている。

異質な要素をすべて退けることで、あなた方はあなた方自身となる。あなた方は、純粋にして輝ける、堅く引き締まった核となる。表面に積み重なった泥が作る層皮を取り除いたダイヤモンドのように。

そのとき、人民の代表者たちは、あなた方の世論の法廷にすべての公職者を呼び出すだろう。彼らの活動を記した大部の記録のページがめくられる。あなた方は判決を言い渡す。悪人の足元では深淵が口を開き、輝く光が義人の顔を照らすであろう。

革命の大事業は間もなく完遂される。

徳の有無、愛国心の有無という抽象的な「心根 Gesinnung」の問題は、ヘーゲルが指摘するように、結局のところ「嫌疑 Verdacht」にもとづいて認定されるしかない。「嫌疑があるということは、すでに有罪と判定されていることだ」[†33]。異端審問や魔女裁判と同様である。

革命は完遂され、歴史は終わる。義人は称揚され、罪人は裁かれる。真の人民が創造される。ロシア、ドイツ、中国など、その後、世界各地で発生したいくつもの革命政府が繰り返し唱導し、遂行した人工的かつ強制的な全員一致の終末論である。

思想の力を見くびるべきではない。

注

†1 Jacques-Bénigne Bossuet, *Politique tirée des propres paroles de l'Écriture sainte*（Alexis Philonenko ed, Dalloz 2003, originally published in 1868）.

†2 Jacques Truchet, *Politique de Bossuet*（Armand Colin 1966）29.

†3 Jacques-Bénigne Bossuet, *Oraisons funèbres*（Jacques Truchet ed, Gallimard 1998）340–41.

†4 Bossuet（†1）V.IV.1. Livre V, Article IV, Proposition 1 を意味する。

†5 Ibidem I.III.1. 旧約聖書の訳については、岩波書店刊行の旧約聖書翻訳委員会訳を参照した。

†6 Ibidem I.III.2.

†7 Ibidem I.III.3.

†8 Ibidem I.III.5.

†9 Lucien Jaume, *Le Discours jacobin et la démocratie*（Fayard 1989）372–73.

†10 'Cinquième avertissement aux protestants' reproduced in Truchet（†2）83.

†11 'Les quatre articles' reproduced in Truchet（†2）169–70. パウロの言明は、『ローマ人への手紙』13:1 からのものである。

†12 See Lucien Jaume, *Le religieux et le politique dans la Révolution française : L'idée de régénération*（Presses universitaires de France 2015）50–51.

†13 Bossuet（†1）VIII.II.1.

†14　ボシュエは、王は所詮「肉と血の神、泥と塵の神」にすぎず、「しばしの間、人は貴賤に分かれるが、最後はすべて等しくされる」と警告する（ibidem V.IV.1）。

†15　Ibidem VIII.II.1.

†16　Ibidem IV.I.3.

†17　Ibidem.『サムエル記　上』8: 11-15 に相応するが、かなり簡略化されている。サムエルは実際には、次のように述べる。「彼はあなた方の息子をとり、自分のために戦車や馬に乗せ、自分の戦車の前を走らせる。彼らを千人隊の長、五十人隊の長として、自分の耕地を耕させ、刈り入れの労働に従事させ、武器や戦車の部品を作らせる。あなた方の娘をとり、香料作り、料理女、パン焼き女にする。また、王はあなた方の最良の畑、ぶどう畑、オリーブ畑を取り上げ、自分の家来に与える。あなた方の穀物と葡萄の十分の一を取り上げ、宦官や家来に与える。あなた方の僕、仕え女、それに優秀な若者や驢馬を取り上げ、自分のために働かせる。彼はあなた方の羊の群れの十分の一をも取り上げる。こうして、あなた方は彼の奴隷となる」（『サムエル記　上』8: 11-17）。

†18　Bossuet（†1）IV.I.3.

†19　Ibidem IV.I.4.

†20　Ibidem VI.I.1.

†21　Ibidem VI.II.2. もっともボシュエは、神の命令に違背する王の命令には従うべきではないとする（ibidem VI.II.2）。これでは、王国分裂の余地を残すことにならないかとの疑念がある。

†22　Ibidem VI.I.3.

†23　Ibidem VI.I.4.

†24　Ibidem VI.III.1.

†25　Jaume（†9）375.

†26 Ibidem 380.
†27 Ibidem 382.
†28 Ibidem 383. 革命下での人民の自己浄化という観念については、さしあたり、拙著『憲法の論理』（有斐閣、二〇一七）第九章「主権のヌキ身の常駐について」参照。
†29 Jaume（†12）90-93.
†30 Jaume（†9）338-39.
†31 Quoted in Jaume（†12）155; see ibidem 94-95.
†32 François-Alphonse Aulard（ed）, *Recueil des actes du Comité de salut public*, tome X（Imprimerie nationale 1897）680-82; see Jaume（†12）95-97.
†33 GWF Hegel, *Vorlesungen über die Philosophie der Geschichte*（14th edn, Suhrkamp 2021）533;『歴史哲学講義（下）』長谷川宏訳（岩波文庫、一九九四）三六四頁。訳に忠実には従っていない。

8　法律を廃止する法律の廃止

本章は、少々頭の体操の様相を帯びている。新世社から刊行されている拙著『憲法』は、現在第八版である。その四四八頁に次のような括弧書きの注釈がある（章と節の番号で言うと14.4.5）。

もっとも、一九世紀半ばまでのイギリスでは、ある法律を廃止する法律が廃止されると、元の法律は復活するという法理が通用していた。法令の「廃止」がどのような効果を持つかは、個別の実定法秩序が決定する問題であって、概念の本質や論理によって一般的に決まる問題ではない。

これは、いわゆる違憲判決の効力論に関する注釈である。違憲判決の効力という標題の下で通常議論されているのは、法令違憲の判断[†1]が最高裁によって下された場合、その法令の身分はどうなるかである。

大きく二つの立場があると言われる。一般的効力説によると、最高裁による法令違憲の判断には、当該法令を廃止する効力がある。つまり、その法令は存在しなくなる。他方、個別的効力説によると、法令違憲の判断に当該法令を廃止する効果はなく、当該事件ではその法令は適用されないという効果を持つにとどまる。

非嫡出子の法定相続分を嫡出子の二分の一と定めていた民法九〇〇条四号但書を違憲と判断した最大決平成二五年九月四日民集六七巻六号一三二〇頁には、二人の裁判官の補足意見が附されており、個別的効力説を基本として考えたとしても、判例には事実上の拘束性が伴うことから、他の相続事件にもたらす影響を考慮して、遡及効を限定する必要があるとの説明がなされている。すでに確定したはずの遺産分割の効力を事後的に覆すことになると、人々の期待を裏切り、深刻な社会的混乱を招きかねない。だから、遡及効を限定する必要があるというわけである[†2]。

つまり、個別的効力説をとったとしても、違憲判断が判例として下級裁判所および後の最高裁を拘束する以上、結局、当該法令は違憲であるとの効果が一般的に及ぶことになる。その限りでは、一般的効力説をとるか個別的効力説をとるかで、実際上、大きな違いが生ずるわけではない。

拙著が前述の注釈に続いて説明しているのは、かりに一般的効力説と個別的効力説とで違いが生ずるとすれば、どういう場合かである。

これまた滅多に起こらないことではあろうが、ある法令が最高裁によって違憲と判断された後、当該法令が国会等によって廃止される以前に、最高裁が判例を変更して合憲であるとの判断を下したときは、個別的効力説であれば、当該法令は違憲判断によって廃止されるわけではないので、再び効力を取り戻すことになるが、一般的効力説であればすでに廃止されている以上、それが復活することはないという点であろうことが説明されている。

とはいえ、冒頭で引用した注釈に戻ると、ある法律を廃止する法律を廃止すると元の法律が復活するという法理が通用しているとすれば、一般的効力説の下でも違憲と判断された法令は復活することになる。そのことが指摘されている。そうした法理が通用しているのであればやはり、一般的効力説と個別的効力説との間に違いはないこととなる。[†3]

*

冒頭の注釈であるが、典拠はジョン・フィニスが *Oxford Essays in Jurisprudence*, 2nd Series に寄稿した論文である。[†4]

同書は当時のオクスフォードの法学者の寄稿論文からなり、H・L・A・ハートの 'Bentham on Legal Rights'、ロナルド・ドゥオーキンの 'Taking Rights Seriously'、ブライアン・シンプソンの 'The Common Law and Legal Theory' など、筆者の世代にとっての必読文献がいくつも収められているが、研究生活に入ったばかりの筆者がもっとも熱心に読んだのは、フィニスの論文であった。

フィニスは、法令の廃止とは何を意味するかという論点を採り上げて、ジョゼフ・ラズの示す理解が単純に過ぎることを指摘する。ラズは、①ある法律を廃止する法律は、廃止がなされてしまった後は、もはや存在していると言い得るか疑わしい、[†5]②法律は廃止行為（repealing-act）によって廃止されるのであって、廃止規範（repealing-norm）によって廃止されるわけではないと考えるべき理由がある、と主張する。[†6]

①と②は関連している。廃止行為によって法律が廃止されてしまうのであれば、その後も廃止した法律が規範として存続していると考えるべき必要性は乏しい。なされるべき仕事は廃止行為によってすでに終わっているのであるから、規範としてさらに果たす仕事はもはやない。廃止した法律が規範として存在し続けていなければ、廃止された法律が復活してしまうわけではないのだとすると、廃止規範が当該法秩序の構成要素として継続的に存在しているとは言いにくい。これが、ラズが言っていることである。

これに対してフィニスが指摘するのが、一九世紀までのイングランドでは、ある法律を廃止する法律が廃止されれば、元の法律が復活するという法理が通用していたという事実である。[†7]

この法理を前提とすると、廃止されたはずの法律も実は寝ていただけで、廃止法が廃止されれば、また目を覚ますことになる。廃止されたからと言って、ゼロになったり無になったりするわけではない。目を覚ますことは、「法律」の本質や「廃止」の概念自体からしてあり得ないと言うことはできない。だとすると、廃止された法律が廃止されたままであるためには、廃止規範が存在し続けている必要がありそうである。

もっとも、現代の日本では、ある法律を廃止する法律が廃止されたときに元の法律が復活するという法理は、おそらく通用していないであろう。アンケート調査をしたわけではないが、日本の大部分の法律家はそう考えているように思われる。であれば、あまり心配する必要はない話かも知れない。

ただ、関連して気になる点は出てくる。

さきほど、かりに個別的効力説をとったとしても、判例の拘束性を前提とする限り、一般的効力説とさしたる違いは出てこないという話をした。ある時点で最高裁が違憲とした法令を、下級裁判所がその後の判決や決定の中で合憲として適用することはないであろうから、結局、廃止されてしまったのとさして変わりはないはずだという話である。

とはいえ、厳密に言えば、廃止されてこの世から消滅する——妥当しなくなる——ことと、裁判所をはじめとする公的機関によって適用されなくなることとは違うはずである。だからこそ、一般的効力説と個別的効力説とが対立していると言われてきた。適用されることのない法令は実効性を失い ineffective となる。しかしそれは存在しないこと、つまり invalid であることとは異なる。

日本国憲法九八条一項は、「この憲法は、国の最高法規であって、その条規に反する法律、命令、詔勅及び国務に関するその他の行為の全部又は一部は、その効力を有しない」と規定する。「効力を有しない」とはどういうことであろうか。個別的効力説を前提とする限り、存在しなくなるというわけではない。廃止や撤回がされない限りは、存在はしている。しかし、最高裁によって違憲と判断された以上は、公的機関によって適用されることはなくなる。実効性は失われる。とはいえ、無効な法であっても法としてはなお存在している。

ジョン・フィニスの言う「法律を廃止する法律が廃止されると元の法律が復活する」という法理は、サー・エドワード・クックも言及している。[†8] とはいえ、法律を廃止する法律が廃止されると、必ず元の法律が復活するというわけではない。議会がそれと異なる意思——元の法律が復活しないという意思——を明らかにしていれば、そうはならないはずである。[†9]

議会にできないことはない。かつては女を男にしたり男を女にしたりすることだけはできないと言われていたが、[†10] 今では男女の性別を変えることも可能である。[†11] ただ、議会が異なる意思を明らかにしていない限りは、フィニスの言う法理が妥当し、法律を廃止する法律が廃止されると元の法律が復活する。同様の法理はコモンローについても妥当すると考えられていた。つまり、あるコモンロー上の法理を廃止する制定法が廃止されると、元のコモンローが復活する。

＊

ある法律を廃止する法律が廃止されたときに元の法律が復活することは、当初から有効期間の定めがあるいわゆる時限法については、当然あてはまることのように思われる。ある法律の有効性に当初から期限が附されていて、その期限が到来したときは、法律制定以前の法状態が復活するものであろう。悠久の古から悠久の将来に至るまで妥当する、不老不死であるはずのコモンローからすれば、あらゆる制定法は時限法である。[†12] となると、少なくともコモンローと制定法との関係に関する限り、コモンローを廃止する制定法が廃止されれば、元のコモンローが復活するのは当然のようにも思われる。

イングランド法史学者のサー・ジョン・ベーカーは、コモンローの有効性を一時的に失わせる制定法の例として、いわゆる聖職者特権（benefit of clergy）を次の議会召集まで一時的に停止した一五一二年の法律を挙げる。

聖職者特権は、一五世紀から一六世紀にかけてさかんに利用されたもので、殺人罪等の重罪（felony）について有罪とされた者も、初犯であれば、読み書きの能力をラテン語の聖書を読み上げることで示すことで死刑を免れた制度である。実際には聖職者でない者も頻繁にこの特権の恩恵に浴した。[†13] 読み上げを求められるのは旧約聖書の『詩篇』のある一節に決まっていて、それを覚えておけばよかったからである。特権を停止するこの一五一二年の法律は教会から強く批判されたことから、その有効期限は更新されず、聖職者特権は復活した。しかしその後、一五四〇年に制定された法律で、聖職者特権は無期限に停止されることとなった。

聖職者特権はその後、一八二七年の法律（the Criminal Law Act 1827）で廃止されたが、この法律自体も一九六七年に廃止されている。その結果、聖職者特権が一九六七年に復活したかと言えば、そうしたことは起こっていない。なぜだろうか（と改めて問う者もいそうもないが）。

その回答を与えてくれるのは、一八八九年制定の解釈法（the Interpretation Act 1889）である。[†14] 同法は、法律が以前の法律を廃止したとき、「異なる意思が明らかにされていない限りは、廃止の発効時に有効でなくまたは存在しないいかなるもの（anything）も復活しない」旨を定めている。[15]

一九六七年に一八二七年法が廃止されたとき、すでに聖職者特権は一八二七年法によって廃止されていて、有効でもなければ存在もしていなかった。したがって一八八九年解釈法を前提とする限り、一八二七年法が一九六七年に廃止されても聖職者特権は復活しなかった、というわけである。

＊

ごく常識的なことを定めているように見える一八八九年法の規定は、たとえば、次のような帰結をもたらす。

一九六七年の法律によって一八二七年の法律が廃止された結果、どのような法状態がもたらされるかは、一八二七年法が何を廃止し、何の効力を奪ったかに依存することになる。[16]つまり現在のイングランドに生きる人々は、すでに廃止されてしまったはずの一八二七年法の内容にもとづいて、どのような法に従って生きるべきかが決まることになる。廃止された法は墓場からなお現世にコントロールを及ぼしている。

だとすると、ジョゼフ・ラズが主張するように、廃止してしまえば廃止する法律はもうお役御免とはいかない。現在の法状態を正確に知るためには、過去の法律が何を廃止したか、とりわけコモンローのうちどの部分が過去に廃止されたかを事細かに調査する必要がありそうである。

もっとも、そこまで事態を深刻に考える必要があるか、あるいは現在のイギリス人が、そうしたコモンローに関する悉皆調査が必要であると考えているかと言えば、そうでもなさそうである。その理由の一つは、現在のイギリス人が、コモンローに不老不死の生命がやどっているとは、もはや考えていないことにあるように思われる。[†17]

たとえば、近年廃止すべきか否かが議論の焦点となっている法律に、ヨーロッパ人権規約の定める人権をイギリス国内法へと取り入れた一九九八年人権法（the Human Rights Act 1998）がある。かりに同法が廃止されたとしよう。するとかつての国王大権が甦って、国王は（つまり政府は）、令状によらずに人々を収監したり、私有財産を没収したりすることができるようになるとは、おそらく誰も考えてはいないはずである。[†18]だとすれば、たとえ一九九八年人権法を廃止したとしても、イギリスにおける人権保障のあり方については、ずっと昔に死んでしまったコモンローではなく、依然として、廃止された人権法とその下での判例・先例を手掛かりとして考えざるを得ないのではないだろうか。[†19]

もう一つ廃止が複雑な問題を引き起こす法律の例として、二〇一一年議会任期固定法（the Fixed-term Parliaments Act 2011）がある。この法律は、下院が解散される時機を首相の判断に委ねてきたイギリスの憲法習律を変更し、総選挙は原則として五年ごとに施行されるとした上で、下院が総議員の三分の二以上の多数で総選挙が施行されるべきことを議決した場合、または、下院が政府不信任案を可決し、その後一四日以内に新たな政府に対する信任案が可決されなかったときに限って解散・総選挙が行われることを規定していた。

ジョンソン政権が二〇二〇年一二月に提出した議会任期固定法廃止法案は、二〇一一年法を廃止するとともに（一条）、解散に関する国王大権を復活させる旨（二条）を定めていた。

法案の二条一項は、次のような条文である。

議会の解散と新議会の召集に関して、二〇一一年議会任期固定法施行直前に国王大権にもとづいて行使されていた諸権限は、あたかも二〇一一年議会任期固定法が制定されなかったのと同様に、再び行使可能である。

国王大権を廃止した二〇一一年法を廃止しただけでは、かつての国王大権は復活しない（少なくとも一八八九年解釈法からすれば）。議会は「異なる意思」を明らかにする必要がある。それが法案の二条一項だというわけであろう。

しかし、二〇一一年法以前の解散権については、原則として首相の助言にもとづいて行使されるとの憲法習律が二〇世紀初頭以来存在していた。[†20] この憲法習律を復活させることは、条文上は、明らかに示されてはいない。そもそも、制定法によって憲法習律を復活させるなどということが可能なのだろうか。[†21]

となると、憲法習律によって制約されることのない国王大権が復活することになるのであろうか。

まさかそんなことは誰も考えていないであろうが。[†22]
法律でもって法律を廃止するというごく単純そうに見える法現象が、かなりややこしい問題を隠しているらしいことが分かる。

注

†1　ある法令が、適用され得るあらゆる場面で違憲となる（つまりその法令が合憲的に適用されることはあり得ない）という判断である。特定の適用場面において（のみ）違憲であるとする適用違憲の判断と対比される。
†2　この問題については、さしあたり、拙著『憲法の論理』（有斐閣、二〇一七）第一二章「判例の遡及効の限定について」参照。
†3　言わずもがなのことではあるが、ある法律（A）を廃止する法律（B）の制定によってAが廃止されるのは、後法は前法に優越するlex posterior derogat legi prioriからである。この点については、さしあたり拙著『法律学の始発駅』（有斐閣、二〇二一）一〇〇頁参照。
†4　John Finnis, 'Revolutions and Continuity of Law' in *Oxford Essays in Jurisprudence*, 2nd Series（AWB Simpson ed, Clarendon Press 1973）. ジョン・フィニス（1940–）は、オーストラリア出身の法哲学者。オクスフォード大学名誉教授。ノートルダム大学教授。
†5　Joseph Raz, *The Concept of a Legal System: An Introduction to the Theory of Legal System*（2nd edn, Clarendon Press 1980）58.
†6　Ibidem 64, n 2.
†7　Finnis（†4）61.
†8　Edward Coke, *The Second Part of the Institutes of the Laws of England*（Clarke and Sons 1817）685. クッ

クはこの法理は「真実であり、否定し難い This is true and cannot be denied」と述べる。See also John Baker, *English Law under Two Elizabeths: The Late Tudor Legal World and the Present*（Cambridge University Press 2021）123.

†9 Baker（†8）124.

†10 AV Dicey, *Lectures Introductory to the Study of the Law of the Constitution*（JFW Allison ed, Oxford University Press 2013）29.

†11 See the Gender Recognition Act 2004. 日本の、「性同一性障害者の性別の取扱いの特例に関する法律」という名称の法律に相当する。

†12 Baker（†8）124.

†13 John Baker, *The Law's Two Bodies: Some Evidential Problems in English Legal History*（Oxford University Press 2001）39-40. 中世後期において、初犯の聖職者は世俗の裁判所の管轄には属さず、教会裁判所で裁かれた。聖職者特権はその名残である。

†14 Baker（†8）125-26.

†15 '[U]nless the contrary intention appears, the repeal shall not…revive anything not in force or existing at the time at which the repeal takes effect'（section 38(1)(a)）.

†16 Baker（†8）127.

†17 Ibidem 128.

†18 Ibidem 131-32.

†19 Ibidem 132.

†20 それ以前は、解散の助言は首相ではなく、内閣によってなされていた。See Alison L Young, *Turpin & Tomkins' British Government and the Constitution: Text and Materials*（8th edn, Cambridge University

Press 2021) 463.

†21 法案に附されたExplanatory Notesには、同法案が制定されれば、以前と同様に、国王は首相の助言にもとづいて議会を解散することになる旨が記されている（§1）。しかし、これはExplanatory Notesが明らかにしていることであって、法案自体が明らかにしているわけではない。なお、議会任期固定法廃止法案は廃案となり、二〇二一年五月に同一内容の法案（解散および新議会召集法案Dissolution and Calling of Parliament Bill）が議会に提出され、二〇二二年三月二四日に法律（Dissolution and Calling of Parliament Act 2022）として成立している。

†22 ここで発生しているのは、拙著『神と自然と憲法と――憲法学の散歩道』（勁草書房、二〇二一）一七七-七八頁で扱った全能のパラドックスの応用問題である。主権的な国会は自身の主権を自ら部分的に廃止して国王大権を復活させることができるのか――できるという答えも可能だが、そうではないとの答えもあり得る。答えは不確定である。

9　憲法学は科学か

明治時代の日本は、ドイツから二つの憲法原理を輸入した。君主制原理と国家法人理論である。君主制原理は、天皇主権原理とも呼ばれる。ごく単純化して言うと、上杉慎吉が唱導したのは君主制原理であり、美濃部達吉が唱導したのは国家法人理論である。[†1]

君主制原理は、国家権力はもともとすべて、君主（天皇）が掌握しているとする。しかし、国家権力を君主が実際に行使する際は、君主が自ら定めた憲法（欽定憲法）にもとづいて行使する。大日本帝国憲法のもっとも核心的な条文である第四条は、次のように定める。

天皇ハ国ノ元首ニシテ統治権ヲ総攬シ此ノ憲法ノ条規ニ依リ之ヲ行フ

総攬するとは、すべてを掌握するという意味である。天皇がもともと国家権力のすべてを掌握してはいるが、それを行使する際は、この憲法の定めに従うというわけである。君主制原理が文字通りに宣明されている。

君主制原理からすると、欽定憲法は君主の自己制限のあらわれである。全能の君主が自ら憲法を制定することで、自らの権力を制限した。立法権は議会の協賛を得てこれを行い、行政権は国務大臣の輔弼を得てこれを行い、司法権は天皇の名において裁判所がこれを行う。

君主制原理には、全能の神の自己制限と同様の難問がつきまとう。[†2] 全能の君主による自己制限が本当の制限なのであれば、君主はもはや全能ではない。憲法制定後の君主が本当に全能なのであれば、憲法は本当の制限ではない。

どちらであろうか。

君主が全能であり続けるのであれば、君主は制定された憲法を一方的に廃棄し、再び全国家権力を掌中に収めることも可能のはずである。そうだとすれば、制限君主と絶対君主の差異は、程度問題である。本質的な違いはない。

*

国家法人理論によると、国家は法人である。

銀行や自動車会社は典型的な法人である。法人は定款を設立の根拠とする。定款にもとづいて代表取締役や株主総会等の各機関に権限が配分され、それぞれの機関の構成員を選任する手続が定められる。各機関は、与えられた権限の範囲で法人のために契約などの法律行為をし、そうした行為は法人の行為とされる。

　国家も同じである。

　定款にあたるのは憲法である。憲法にもとづいて議会や内閣、裁判所等の各機関に権限が配分され、それぞれの機関の構成員を選任する手続が定められる。各機関は憲法に与えられた権限の範囲で国家のために法律の制定、法律の執行、争訟の解決等を行う。そうした行為は国家の行為とされる。

　国家法人理論からすると、国家権力は国家のものである。たとえ君主がいる国家であっても、君主にあるのは憲法から与えられた権限のみであり、それ以上でもそれ以下でもない。

　君主制原理と国家法人理論とは、相性が悪い。両方を国家に関する法理論として受け取った上で、それぞれに内在する論理を突き詰めると、他方の否定に至る。天皇主権原理を額面通りに受け取ろうとする人々が美濃部達吉を、天皇を使用人扱いしていると非難したことに、全く何の根拠もなかったわけではない。

*

　国家法人理論は、一九世紀後半のドイツで、ゲルバーとラーバントによって構築された。二人はもともと私法学者である。ゲルバーは民法学者、ラーバントは商法学者であった。

　二人は私法の領域から法人という概念を取り出して公法の領域に移植し、国家をめぐる法的現象を国家という法人の機関の意思決定とその執行、機関相互の上下関係や並立関係として把握することで、それまで国家に関する歴史記述や思想や現下の政治問題に関する評論の寄せ集めと考えられていた公法学を私法学に匹敵し得る「法律学」へと転換した。

公法学の中核にある法人概念によって説明することのできない言明や文言がたとえ憲法典にあらわれたとしても、それは法的意味のない、「政治的」にすぎないものとして、廃棄されねばならない。雑多なことがらの寄せ集めとされていた公法学は、法人概念を通じて学問的に「純化」される必要がある。公法学の文献では、「政治的」という形容は「法的意味のない」という侮蔑的な意味合いで用いられることが多い。

であれば、君主制原理も政治的にすぎない原理として公法学の外側に廃棄されるべきはずである。美濃部は、国家権力の主体が君主制原理（天皇主権原理）が説くように天皇自身であり、憲法典はそれを制約しているだけなのだとすると、戦争は天皇の私闘となり、租税は天皇の個人的収入となり、国営鉄道も天皇個人の経営する鉄道だということになってしまうと皮肉たっぷりに述べている[†3]。

天皇主権原理は、政治的・倫理的原則にすぎない。法律学とは無関係である。たとえ大日本帝国憲法第一条が「大日本帝国ハ万世一系ノ天皇之ヲ統治ス」と定めていてもそうである。美濃部は、「憲法の文字に依りて国家の本質に関する学問上の観念を求めんとするが如きは憲法の本義を解せざるものなり」と断言している[†4]。

しかし、ゲルバーとラーバントはそうした途——君主制原理を廃棄する途——はとらなかった[†5]。ここでは、ラーバントの議論をたどってみよう。

ラーバントが考察の対象としたのは、一八七一年に成立したドイツ第二帝国である。ビスマルクが建設したこの帝国も、国家である以上は法人のはずである。ただこの帝国は、かなり変わった国家＝法人であった。

帝国と呼ばれる以上、皇帝（Kaiser）がいる。皇帝はプロイセン国王が当然に務めることになっていた。しかし「皇帝」は称号にすぎない。皇帝の帝国憲法上の地位、つまり国家機関としての地位は、連邦主席である（一八七一年憲法一一条）。

帝国は連邦であった。二五の邦、しかもその大部分は君主制原理をとり、君主をいただく邦からなる法人、それがドイツ第二帝国である。帝国を設立したのは、各邦の国家権力を掌握する君主である。各君主がそれぞれ自分の権力を自己制限した結果、帝国が成立した。

成立した帝国＝法人における各機関——帝国議会、連邦参議院、連邦参議院議長等——の権限は、帝国憲法が与えた権限である。その限りでは、国家法人理論が妥当する。しかし、その帝国がいかにして成立したかを問うならば、それは君主制原理にもとづく各君主の自己制限の結果である。[†6]

君主制原理を額面通りに受け止めるなら、各邦の君主は自身がもともと掌握していたはずの全国家権力＝憲法制定権力にもとづいて、自身の全権力を回収すること、つまり連邦を離脱することが可能のはずである。もちろん、実際にそんなことをすれば、他の連邦諸邦による武力攻撃を受けて、壊滅的な結末を迎えることになる。しかしそれは、あくまで「政治的」な事情である。法的論理とは異なる。

国家法人理論が想定する標準的な国家は、全国民を構成員とする社団法人である。国民を法人化したのが国家だということになる。国民が国家として組織化されたとき、はじめてそこに法人としての国家=国民が誕生する。国民と国家とは、同一の人格の二つの側面を指しているにすぎない。[†7] 法人としての国家の機関は、しばしば「代表」と呼ばれる。国家以外の場合でも、法人の機関が代表と呼ばれることは珍しくない。

美濃部達吉は、大日本帝国憲法下での帝国議会を「国民の代表」として位置付けた。国民からなる法人の機関という意味である。その限りでは、とくに問題のある位置付けではない。国民はすなわち有権者のはずであって、有権者の現実の意思や見解を反映している保証のない帝国議会を代表と呼ぶのはおかしいというのが、美濃部の弟子である宮沢俊義による批判であった。しかし美濃部からすれば、これは「政治的」な批判である。法的論理とは無関係である。[†8]

宮沢は自説の論拠として、ラーバントも、ドイツ帝国憲法で帝国議会をドイツ人民の「代表」としている条文について、法的意味はなく政治的意味しかないと指摘していることを引き合いに出している。しかし、ラーバントがそう言うのは、ドイツ帝国が、その大部分が君主制原理をとる諸邦からなる連邦であり、「ドイツ人民」によって構成される国家ではなかったからである。ラーバントは言う。[†9]

ドイツ帝国は、増大し続ける何千万ものメンバーによって構成される法人ではない。それは二五のメンバーから構成されている。

つまり、何千万ものドイツ人民がドイツ帝国を構成しているわけではない。ドイツ人民は、法主体（国家＝法人）としては存在しない。したがって、帝国議会をドイツ人民の代表とする条文に法的意味はなく、政治的意味しかない。それが、君主制原理を廃棄しなかったラーバントが出した結論である。

他方、日本は、旧憲法下も現憲法下も、連邦国家ではない。君主制原理を法律学の外側へと廃棄し、国家法人理論一本で筋を通した美濃部にとって、日本は日本国民の総体によって構成される社団法人である。帝国議会や現在の国会を全国民の代表とすることには、たしかな法的意味がある。宮沢はラーバントを読み間違えている。

*

紛らわしいことに、ゲオルク・イェリネクやモーリス・オーリウも、国家の「自己制限 Selbst-Beschränkung, autolimitation」という概念を使用する。[†10] しかしこれは、君主制原理の下での君主の意思による自己制限とは全く異なる概念である。[†11]

彼らが描こうとしているのは、近代法秩序の構成要素である諸国家機関が、当該法秩序の定める権限内でのみ行動し得る事態である。つまり、国家を法人として、言い換えれば全体として整合的な法秩序として、把握し得ることを国家の「自己制限」と形容しているだけである。国家をめぐる事象を法的に理解するために必要な——必然的な——思惟の上の前提を静態的に描いているだけで、全能の君主による自己制限にかかわるような論理的困難は全くない。

イェリネクは、国家の自己制限は、国家自身の意図によるものではない（keine willkürliche）と指摘している。[†12] それにもかかわらず、それを「自己制限」と呼ぶことは、何らかの主体が意図的に自身の権限を制限するという神秘的・動態的イメージを招きかねず、ミスリーディングではある。[†13]「自己制限」とか「自己拘束」といった概念が憲法学の書籍に出現したときは、動態的・静態的、いずれの意味で用いられているかを慎重に判断する必要がある。

＊

国家法人理論と相性が悪いのは、君主制原理だけではない。人民主権原理も少なくとも同じ程度に相性が悪い。

憲法典以前に、憲法典より上に君主がいて、本来、彼（彼女）が全国家権力を行使することができるという言明は、それとしてまだ理解可能ではある。他方、憲法典以前に、憲法典より上位に、何千万もの人民がいて、それらの人民が本来、全国家権力を行使できるという言明は、にわかには理解ができない。

何千万もの人民は、どのようにして意思決定できるのであろうか。単純多数決だろうか。単純多数決で主権者たる人民が意思決定できることは、誰が決めたのだろうか。全人民だろうか。全人民はどのようにして、そう決めることができたのだろうか。事態は無限後退の様相を示す。

これは、トマス・ホッブズが指摘した論点である。国家成立前には、ばらばらの群衆(multitude)しか存在しない。群衆には意思決定する権能もない。全人民が、これからは多数決で自分たち全体の問題を処理すると全員一致で決めたとき、そこに国家が成立する。[†14] そのようにして国家が成立することが論理的にあり得ないというわけではないが、実際にはそうそう起こることではないであろう。

現代社会において人民主権原理とか民主主義とかと呼ばれているものは、君主制原理と同じレベルで比較可能な法的原理ではなく、政治的な理念である。為政者は国民(有権者)に対して政策の決定と執行について正確に説明し、正当化する責務があるし、究極的には責任を問われてその地位を退く可能性が確保されねばならないという理念である。それは、法人としての国家が設営され、その内部で人民主権原理に沿って機能するメカニズムが用意されてはじめて成立し得る理念である。

政治的理念にすぎないからと言って、ただちに憲法学の枠外に放逐されるべきではない。法律学と政治道徳との関係は、美濃部が言うほど排他的な関係ではない。人民主権原理に限らず、政治道徳の理念に即して法制度が構築され運用されること、憲法の文言が問題に対して確たる回答を与えないときに、文言の背後にある（はずの）政治道徳に遡って制度を解釈し直すべきことは、少なくない。[15]

しかし逆に、人民主権原理を国家法人理論と排他的な競合関係にある法原則であるかのように扱うことも適切ではない。両者はレベルを異にしている。人民主権原理がすでに手許にある以上、国家法人理論は用済みというわけにはいかない。国家法人理論の役割はもはや終わったかのような言明が憲法の教科書にあらわれたとしても、[16]額面通りに受け取るべきではない。

そもそも国家法人理論抜きで、国家をめぐる法現象を法学的に理解することがどうしてできるだろうか。謎としか言いようがない。

*

丸山眞男は、学生時代に聴講した宮沢俊義の憲法開講の辞について、次のように語っている。[17]

コントの三段階説を実にうまく適用するのです。神学的段階、形而上学的段階、実証的段階、つまり穂積八束・上杉慎吉先生は神学的段階です。それから美濃部先生は形而上学的段階です。神がかりではなく、一層科学的になっているけれども、現実の帝国憲法以上に憲法をデモクラティックに解釈しようとする。意図はよくわかるけれども、科学的認識とはいえない。憲法が非民主的だったら、そのまま、非民主的なものとして認識しなければいけない。実際以上に民主的に解釈するのは、科学的でないだけでなく、現実の憲法を美化し、その非民主性を隠蔽するイデオロギー的機能を果たす。これが美濃部憲法が形而上学的段階にとどまっているゆえんで、いまや第三の実証的段階にようやく到達した、といわれるのです。

丸山が指摘するように、宮沢がここで意識しているのはオーギュスト・コントによる学問認識の発展段階論である。[†18]

人間精神の本性からして、われわれの認識の各分野は必然的に、三つの理論的段階を経て歩む：神学的（虚構的）段階、形而上学的（抽象的）段階、最後に科学的（実証的）段階である。

あらゆる学問がこの三段階を経るというのは、論証抜きの単なる想定である。[†19] 批判の対象とする議論を「神学」あるいは「形而上学」と性格付ける一方、自説は「科学的」だとするのは、科学的認識というよりはアッケラカンとした進歩史観を自明の前提とするレトリックであろう。科学は科学的であるがゆえに、神学や形而上学よりすぐれた知であるというのは、ただの循環論である。神学と形而上学と科学とは、思考の枠組みからして、相互に比較不能である。それぞれが回答しようとする問題自体が異なる。神学が形而上学に、形而上学が科学に変化することがあるとしても、それを「進歩」と言い得るか、定かではない。科学が言い得るのは、神学や形而上学の主張は、科学によっては真偽が判断できないということだけである。

ここで鍵になっているのは、「科学」ではなく、むしろ時の推移に応じた「進歩」の観念である。つまり後から来た者には、最初から優越的地位が約束されている。

二〇世紀初頭、フランスを代表する憲法学者の一人であったレオン・デュギ（1859–1928）も、その独特の主権否定論を展開する際、コントの三段階説を引き合いに出している。人々の支配・従属関係を事実に即することなく形而上学的に正当化しようとする主権概念を全否定したとき、はじめて、産業化し社会関係が緊密化したすべての近代社会に妥当する客観法を正しく認識することが可能となるし、公役務を組織化して社会的連帯を実現し、人間の理想に近づくこともできるというわけである。[†20] デュギにとっては——コントにとっても[†21]——国民主権論そのものが、前提となる社会契約論も含めて、事実に即応しない形而上学的観念であった。[†22]

美濃部からすれば、政治制度が民主的か否かは公法学とは無縁の「政治的」問題であり、帝国議会が国民の代表であることは、国家法人理論にもとづいて学問的に論証可能である。帝国議会が国民の代表であることとは、帝国憲法がデモクラティックか否かとは別次元の問題である。

対蹠的な立場にある美濃部と宮沢とは、見事にすれ違っている。それにもかかわらず、長年にわたって、宮沢は美濃部より「進歩」していると考えられていた。それは、幻想の「進歩」である。

実践から人為的に切り離された認識の追求、つまり科学にこそ価値があるというのは、ただの思い込みである。現時点の憲法学が過去の憲法学より「進歩」している保証はない。むしろ、現時点の憲法学は、かつての憲法学にとっての自明の前提を忘却しているリスクが高い。
とはいえ、過去から現代にいたる憲法学が、それぞれの時代に対応して「正しい」わけでもない。それは単なる歴史主義であり、相対主義である。憲法学の核心的任務は、日々の実践的問題を適切に解決すること、さらには社会のあるべき姿を描き、その実現に向けて貢献することにある。社会の移ろいを「科学的」に傍観することではない。

注

†1 君主制原理については、拙著『憲法の論理』（有斐閣、二〇一七）第一四章「大日本帝国憲法の制定——君主制原理の生成と展開」参照。

†2 拙著『神と自然と憲法と——憲法学の散歩道』（勁草書房、二〇二一）9「神の存在の証明と措定」参照。

†3 美濃部達吉『憲法撮要』（改訂五版、有斐閣、一九三二）二二頁。

†4 同上書二三頁。

†5 ゲルバーは、君主を「国家権力の全内容を包括する機関」として位置付けることで、君主制原理と国家法人理論との接合を図ろうとしている（Carl Friedrich von Gerber, *Grundzüge des deutschen Staatsrechts* (3rd edn. Bernhard Tauchnitz 1880) 7, note 2）。他方で彼は、「君主主権、人民主権、国民主権等の表現は、さまざまな政治運動のためのキャッチワードに過ぎない」と言う（ibidem 22, note）。

†6 以上については、拙著『憲法の円環』（岩波書店、二〇一三）第六章「国民代表の概念について」、とくに九〇-九五頁参照。

†7 Raymond Carré de Malberg, *Contribution à la théorie générale de l'État*, tome I (CNRS 1962, first

published in 1920) 15.

†8 この論点については、拙著（†6）第六章、とくに九五頁注28参照。美濃部は旧憲法下の国会について、「国民をして国政に参与せしめんとする」目的で設置されたものとすることがあるが（美濃部達吉『憲法講話』（岩波文庫、二〇一八）五二-五六頁）、これも国家機関の組織のあり方に関する政治的な描写である。法人化された国民の意思を決定する法的意味の代表と、有権者の見解を反映して国政を運営するという政治的意味の代表とは全くレベルを異にする。

†9 Paul Laband, *Das Staatsrecht des Deutschen Reiches*, Band I (5th edn, JCB Mohr 1911) 97.

†10 Georg Jellinek, *Allgemeine Staatslehre* (3rd edn, Athenäum 1976 (1914)) 386; Maurice Hauriou, *Principe de droit public* (2nd edn, Sirey 1916) 31-33.

†11 See, on this point, Éric Maulin, *La théorie de l'État de Carré de Malberg* (Presses universitaires de France 2003) 80-85.

†12 Jellinek（†9）386.

†13 レオン・デュギは、イェリネクの言う「自己制限」について、そうした誤解をしている。See Léon Duguit, *Leçons de droit public général faites à la Faculté de droit de l'Université égyptienne pendant les mois de janvier, février et mars 1926* (La Mémoire du droit 2000 (1926)) 137-38.

†14 ホッブズ『法の原理』田中浩・重森臣広・新井明訳（岩波文庫、二〇一六）第二部第二章「三種のコモンウェルスについて」。See also, Thomas Hobbes, *On the Citizen* (Richard Tuck and Michael Silverthorne eds, Cambridge University Press 1998) 94 [Chapter VII, Paragraph 5]. 拙著『憲法の階梯』（有斐閣、二〇二一）一一三頁で述べたように、中世晩期の都市共同体の結成にあたっては、全市民による集団的な誓約が行われた。

†15 法秩序に含まれる条文やルールが確定的な回答を与えないとき、条文やルールの背後に存在するはずのさまざまな原理に訴えかけることで、問題に対する回答を必ず見出すことができるという立場をラーバントはとっ

ていた（拙著（†6）九四頁および九五頁注27）。法秩序の完結性（completeness）が措定されていたわけである。ロナルド・ドゥオーキンも同様の措定をしているが、彼はそれを完結性ではなくintegrityと呼んでいる。

†16　芦部信喜『憲法〔第七版〕』（岩波書店、二〇一九）四一頁。

†17　「宮沢俊義を語る〈座談会〉」ジュリスト臨時増刊六三四号（一九七七年三月二六日号）『宮沢憲法学の全体像』九四頁。

†18　August Comte, *Plan des travaux scientifiques nécessaires pour réorganiser la société* (Angèle Kremer-Marietti ed, L'Harmattan 2001（1822）) 94. コント（1798-1857）は、フランスの哲学者で社会学の創始者とされる。ブラジル国旗に記されたモットー「秩序と進歩Ordem e Progresso」は、コントの哲学に由来する。

†19　レオ・シュトラウスが指摘するように、古典古代のギリシャ哲学――コントの言う形而上学――が中世神学に先行していたことや、コントの実証主義に続いて形而上学的な共産主義やファシズムが勃興したことは、説明が困難であろう。See Leo Strauss, *On Political Philosophy: Responding to the Challenge of Positivism and Historicism*（Catherine H Zuckert ed, University of Chicago Press 2018）43.

†20　Léon Duguit, *Les transformations du droit public*（2nd impression, Armand Colin 1921）xv-xvi and 12-32; Duguit（†13）35-37 and 124-36; see, on this point, Maulin（†11）94-95.

†21　Harriet Martineau, *The Positive Philosophy of Auguste Comte*, vol 2（Batoche Books 2000（1896））121-32.

†22　コントの実証哲学が究極的には、少数のエリート「科学者」による支配を必然とすることについては、Strauss（†19）19-20 and 44 参照。コントは決して民主主義者ではなかった。

一〇　科学的合理性のパラドックス

人間は合理的な動物である。それを疑う人は少ないであろう。少なくとも人間は合理的であるべきだと考える人の方がそう考えない人より多いはずである。

問題は、そこで言う「合理性」とは何かである。

人間は誰もが、自分の効用をもっとも効率的に最大化しようとするものだ、それこそが人間の合理性だという考え方がある。そこで言う「効用」はベンサム流に快楽から苦痛を差し引いたもの――どのようにすれば差し引けるかは不明だが――かも知れないし、経済学の入門書で描かれているように、購入した商品から得られる便益から購入費用を差し引いたものかも知れない。

こうした想定は、いわゆる社会科学の広い領域で共有されているように思われる。科学的合理性(scientific rationality)の想定と呼ぶことができるであろう。

この想定からすると、人の直面する選択肢はすべて、それぞれがもたらす効用とコストにもとづいて、一つのものさしの上に落とし込んで、どれが最善かどれが最悪か、どれがどれよりより善いか悪いか、をあらゆる場合に判定することが可能となる。何より事態を数学的に記述すること、さらには客観的に将来を予測することが可能となる。

筆者は以前、ある座談会で、高名な経済学者と高名な社会学者とご一緒したことがある。そのお二人に、「先生方は、人間は自分の効用をもっとも効率的に最大化するよう予めプログラムされたコンピュータと同じだと考えているのですよね」という趣旨の発言をしたところ、その通りであるとの回答を得た。筆者が、法律学はそうした前提をとっていないと述べると、お二人は驚愕していた。

法律学は、人間誰しも、自分の効用をもっとも効率的に最大化すべく行動するという前提をとってはいない——少なくとも、それは標準的な前提ではない——と筆者は考える。すべての選択肢を一つのものさしに落とし込んで、どれがどれより善いか、どれが最善の選択肢であるかを計算し、判定することがあらゆる場合に可能だという前提をとってはいない。

そういう意味では、法律学は社会科学ではないというのが筆者の考えである。理由の一つは、そうした前提はかなりの程度において、人間生活の現実と乖離しているからである。[†1]

＊

ある事物や事柄について欲求や選好を抱くこと、その獲得・実現から効用を得ることには、さらにそれを支える理由があるはずである。理由もなくただただ欲しいとか、とにかくそうしたいというのは、依存症的な状態であろう。選択をした結果として、ある効用（非効用）が得られることについても、理由があるはずである。

大学を出て、どのような職業を選ぶかを人は考える。選んだ職業に応じて得られる効用はあるであろう。しかし、得られそうな効用に即して人は職業を選ぶものであろうか。社会全体の中長期的利益に貢献したいと考えて人は公務員になるのであって、公務員になるとこれぐらいの効用が得られそうだから公務員になるというわけではないであろう。そのことは、高校教師にしても、芸術家にしても、書籍編集者にしても、職業選択一般についてあてはまるように思われる。

法律学の世界で「利益衡量」というミスリーディングな名称で呼ばれる作業の多くも、そうした性格のものである。

本来、同じものさしの上に落とし込んで比べることのできない選択肢のうち、いずれを選ぶかを選択する作業である。比べられないのは、それぞれの選択肢がいずれも十分な理由によって支えられているからである。それでもいずれかを選ぶ必要がある。だからと言って、不合理な選択をしていることにはならない。いずれの選択肢も十分な理由によって支えられているのだから、どれを選んでも合理的な選択である。

人は効用計算ではなく、理由にもとづいて行動する。理由が何かはともかく効用がありそうだから、そうしたいからそう行動するというのは、はっきり言って、非人間的（dehumanised or subhuman）である。それでは、コンピュータと同じである。かりに理由と効用とが形影相伴っているとしても、どちらにもとづいて人が行動しているか、見誤ってはならない。[†2]

科学的合理性からすれば、ある選択肢がもっとも効率的に自分の効用を最大化することが判明すれば、当然その選択肢を選ぶべきことになるであろう。人の最適な行動は計算可能であるし、予測可能でもある。おそらくは他の多くの動物についても、同様の計算や予測が可能であろう。人の合理性と動物の合理性は、程度の違いである。サルや蚊が合理性の点で他のサルや蚊と同等であるように、人も合理的である点ですべて平等である。人の尊厳も蚊の尊厳も程度の違いである。[†3]

他方、人は理由にもとづいて行動するという立場からすると、十分な理由によって支えられた選択肢があるとしても、当然にその選択肢を選ぶべきことにはならない。十分な理由によって支えられた選択肢が複数あることも珍しくないし、また、そのうちどれかを必ず選ばなければならないというものでもない。

それぞれの選択肢を支えている理由は、往々にして比較不能である。[†4]単一のものさしに落とし込んで、相互の優越を云々することがそもそも意味をなさない。

今夕、N響のコンサートに行くべきか、貧困に苦しんでいる人たちを食料支援するボランティア活動に参加するべきか、それとも病に伏す友人の見舞いに行くべきか。それぞれから得られる効用を計算していずれを選ぶかを決めるべきなのだろうか。そんな計算や比較は、本当に可能だろうか。

そうした計算や比較が不可能であっても、そのいずれかを選択することが不合理（irrational）となるわけではない。それぞれの選択肢が、十分な理由によって支えられていて、しかもそうすべきでない決定的な理由がない限り、いずれを選んだとしても、その選択は合理的（rational）である。つまり理由がある。

他方、科学的合理性の想定は、すべての選択肢は比較可能であり、そのうち効用をもっとも効果的に最大化する選択肢を選択することのみが合理的だと想定している。合理的な結論は、いつも一つに定まる。どちらの立場が、他の動物とは異なる人が生きるこの世の中を正確に描いていると言えるだろうか。どのような職業を選ぶか、会社員になるとして、どの企業を選ぶか、人は自身の効用をもっとも効果的に最大化するのはどの職業か、どの企業かと考えて、選択をしているのであろうか。それは、現実とかけ離れたカリカチュアのように思われる。

＊

法律学は、人間誰しも、自分の効用をもっとも効率的に最大化すべく行動するという前提をとってはいないと筆者が考えるについては、もう一つの理由がある。この科学的合理性の前提は、首尾一貫した学問的前提として成り立ち得ないのではないかという理由である。

ある社会科学者が、この科学的合理性の前提をとって学問を遂行しているとしよう。なぜ彼がこうした前提をとるかと言えば、そうすることが、彼自身の効用をもっとも効率的に最大化することになるからである。首尾一貫して考えようとすると、そう考えざるを得ない。[†5]

つまり、彼がこの前提をとる理由は、それが事実に即しているから、あるいは学問的に正当であるからではなく、彼の効用の最大化に役立つからである。そうだとすると、科学的合理性の前提をとる彼の学術的成果を、人は額面通りに受け取ることができるであろうか。彼自身のためになるからという前提に立脚する「学問的成果」をなぜ、その他の人は学問的成果として受け取るべきことになるのだろうか。

いや、そこは大丈夫という反論があるかも知れない。社会科学者としての効用は、何より、真実を獲得すること自体から得られる快楽[†6]、そしてさらに、事実に即した学問的成果を発表することで、学者としての声望を高めることにある（なぜ声望が高まるかと言えば、多くの人々は真実を知ることに快楽を見出すからである）。だから、彼自身の効用の最大化と彼の学術的成果の真実性とは十分に両立し得るという反論である。

そういった可能性は確かにある。しかし、それは確実とは言えない。確実に言い得るのは、彼がそうした前提をとる究極の根拠は、それが彼の効用をもっとも効率的に最大化することにあるという点である。彼にとって、真理そのものに価値があるわけではなく、あくまで真理がもたらす効用に価値がある。この前提からすると、彼は事実に即した学術的成果を生み出すかも知れないが、そうではないかも知れない。事実に即した学術的成果を公表することが、常に彼の効用の最大化につながる保証はないからである。

実験や調査で得られたデータを枉《ま》げてでも、自分の雇い主にとって都合の良い論文を公表する方が（その結果として高額の報酬を受け取ることが）、彼の効用の最大化に資することは十分にあり得る。問題なのは効用の多寡だけであるから、そんなことは科学者としての倫理に反すると言っても、意味はない。倫理に即して行動することが彼の効用の効率的最大化に資する場合にのみ、倫理は意味をなす。彼の学術的成果を額面通りに受け取るべきか、はなはだ不確かとしか言いようがない。

*

この苦境（苦境だとすればだが）を切り抜ける方法がないわけではない。科学的合理性の妥当範囲を限定する方法である。人が誰しも自分の効用の効率的な最大化を目指すのは、買い物をしたり外食をしたりホテルに滞在したりという経済的合理性の枠内、つまり市場の枠内、あるいは私生活の枠内でのことであって、研究者が学問を遂行する場ではそうではないという回答である。

同じように、国会議員が国会で発言や表決をしたり、有権者が国政選挙で投票したり、裁判官が判決を言い渡したりするときも、彼らが目指しているのは個々人としての効用の効率的な最大化ではなく、社会公共に広く行き渡る中長期的公益の最大化であったり、憲法と法律に即した具体的正義の実現であったりすることになるのであろう。これらは公的な場での行動であり、私生活上の行動ではない。そこでは、科学的合理性にもとづいて行動すべきではないことになる。

ただ、この切り抜け方は、問題を相当に複雑にする。あらゆる事態を単純明快に説明するのが科学の真髄であるはずなのに。

社会科学者の場合をとってみると、自己の効用の効率的最大化ではなく、事実に即した学術的成果の公表を目指すというのは、事実の描写なのか、それともそうあるべきだという規範の措定なのか、どちらであろうか。人は誰しも自己の効用の効率的最大化を目指すというのが、社会科学一般に当てはまる前提なのであれば、事実に即した学術的成果の公表を目指すというのは、学者としての倫理を描いた規範的措定であろう。

あるべき論としては理解可能であるが、学者はその通りに行動するという保証はあるのだろうか。むしろ、こういった倫理を標榜している方が、みんなに公表した成果を信じてもらえて、その結果として自己の効用の効率的最大化が実現するという計算ずくの見せかけになりはしないだろうか。問題なのは規範の措定ではなく、事実のありのままの描写なのだと主張されるかも知れない。そうだとしても、不安の種は残る。市場で自己の効用の効率的最大化を目指す人間が、職場で研究に勤しむ場面では、途端に人間性が根本的に変化して、事実に即した学術的成果の公表を目指すようになると信じてもらいたいと言われても、そうはいかない。職場で研究に勤しむことも、ある意味では市場での活動である。大学に勤める研究者も、大学から給与をもらい、著書を刊行して印税を得る。

同じ事態は、国会議員の国会での活動にも、有権者の投票所での活動にも、裁判官の裁判所での活動にも当てはまりそうである。

というわけで、人は誰しも自己の効用の効率的最大化を目指すものだという科学的合理性の想定から出発する学者の言うことをはたして額面通りに受け止めることができるのか、不安の種が尽きることはなさそうである。つまり、問題は法律学がこうした前提をとるか否かに限定されてはいない。結局のところ、科学的合理性の想定から出発する学者は、自分の学問的活動に関する限りは科学的合理性の想定は当てはまらないという、かなりご都合主義的な主張をするか、あるいは科学的合理性の想定自体を撤回するかの選択を迫られるのではないであろうか。そして、この選択を何にもとづいて行うか——自己の効用の効率的最大化に資するか否か、あるいは十分な理由にもとづいているか否か——もさらに問われることになる。

*

ところで、冒頭で触れた座談会の場で筆者は、以上で述べたような話をその通りにはしなかった。そんなことをすれば、お二人の怒りを買って（あるいは、あきれられて）座談会はただちに打ち切りになっていたおそれがある。なぜ筆者がこうした話を持ち出さなかったかと言えば、それは筆者自身の非効用の効率的最大化を回避するためだったのではないか、と後にして思うことがある。

いやそれは違う、という反論が可能である。それぞれの科学者が生涯をかけてコミットし、遂行している学問の前提を覆しかねないような話を軽々にするものではないことは、ごく普通の世間並みの道徳（conventional molarity）を考慮すれば、当然に導かれる結論である。†7 筆者が考慮したのは、この世間的な道徳的理由の方であって、筆者自身の効用（非効用）ではない。

とはいえ、筆者がこのように考えるのは、筆者自身がそもそも科学的合理性の想定から出発していないからである。科学的合理性の想定から出発する科学者であれば、当然、筆者は筆者自身の効用計算にもとづいてそうした選択をしたのだと結論付けるであろう。それに、世間一般の道徳観なるものも、こうした立場からすれば、標準的な場面において各人の効用をもっとも効果的に最大化する行動は何かに関する人々の判断が収束していく平均値にすぎない。道徳的格率そのものに価値があるわけではなく、あくまで道徳的格率がもたらす効用に価値がある。

どのような前提から出発するかによって、この世界の見え方が全く変わってしまうことが分かる。もちろん社会科学者の方々は、科学的合理性の想定から出発したものの見方の方が、「現実」的な見方なのだと主張するはずである。筆者も、そうしたものの見方が見事に当てはまっているかに見える人々が現に存在することを否定するつもりはない。[†8] ただ、それが人間の本来のあり方を示しているか、という問題は依然として残る。[†9]

注

†1　ここで話題とした座談会は、『新装増補 リスク学入門1』（岩波書店、二〇一三）に収められた「共同討論2 リスク学の再定義と再構築――3・11を踏まえて」である。自然科学者の益永茂樹氏のほか、橘木俊詔氏と今田高俊氏が参加されていた。同書二〇一-〇二頁参照。もっとも、科学的合理性の想定通りに生きているかのように見える人間がいないわけではない。たとえば、総理大臣を務めるある政治家が、どの選択肢をとれば自分が総理大臣で居続けられる可能性がもっとも高いかを予測しつつ、選択をしているかのように見えるこ

ともある。どの選択肢をとっても、総理大臣に居続けられる可能性はゼロに近いと判断すれば、次には将来に向けて自分の政治力を温存する可能性がもっとも高い選択肢は何かを考えることになる。こうした枠組みで出処進退を決めているように見える政治家の立ち居振る舞いは、身も蓋もない感じになる。理由ではなく、効用計算にもとづいて選択している以上、選択の理由を説明しろと言われても説明はできない。自分だけでなく、人間誰でもそうであるはずだと本人が思い込んでいるために、説明する必要があることさえ理解できない。深刻な問題は、こうした政治家に国民全体の中長期的な利益に関する判断をあずけて善いのかである。

†2　カントは、人間が理由にもとづいて行動する能力を獲得するに至った経緯について、憶測を試みている。カント「人間の歴史の憶測的始元」『カント全集14 歴史哲学論集』（岩波書店、二〇〇〇）所収。

†3　ジェレミー・ベンサムはこの点で首尾一貫していた。彼によると、家畜類を人類が飼育して最終的にそれを食物として消費し、効用を得ることは合理的である。他方、家畜類も自然の生活で被る災厄を回避できるし、いずれ死が待つことを予測することもできないので、最後の瞬間まで幸福に生きることができる。両者にとって合理的である。See Jeremy Bentham, *An Introduction to the Principles of Morals and Legislation* (JH Burns and HLA Hart eds, Clarendon Press 1996) 282–83 note b.

†4　たとえば、子どもを金銭で売買する人、子どもに深刻なリスクが及ぶことと引き換えに金銭を受け取ろうとする人は、親であることの価値と金銭的価値の比較不能性を理解していない人である。子どもを事故で失ったとき、親が加害者から受け取ることのできるのが賠償金に限られるとしても、それは変わらない。こうした場合、金銭によって現状を回復することは、そもそもできない。慰謝料の意味は、謝罪に代替する象徴的な意味にとどまる。See Joseph Raz, 'Incommensurability' in his *The Morality of Freedom* (Clarendon Press 1986) 321ff.; John Gardner, *From Personal Life to Private Law* (Oxford University Press 2018) 158–60. ジョン・ガードナー（1965–2019）は、スコットランド出身の法哲学者。ロナルド・ドウォーキンの教えたオクスフォード大学の法哲学講座の後継者。

†5　これは、『ゴルギアス』での、善とは快楽であり悪とは苦痛に他ならないとするカリクレスとそれを反駁しようとするソクラテスとの対話に関連して、レオ・シュトラウスが指摘する論点でもある（see Leo Strauss, *On Plato's Protagoras*（Robert C Bartlett ed, University of Chicago Press 2022）45）。もっとも、聴衆に迎合する術を身につけることなく、子どものように正義にばかり気を取られていると、いずれ不正な糾弾者に告発されて死刑判決を受けることになりかねないと警告するカリクレスに対して、ソクラテスがなぜ快楽や苦痛にとらわれず正しく生きることを選ぶべきかを説明する際、正しく生きるならば死後に「幸福者の島」で暮らすことができるからと応じていることは（523a-524a）、到底額面通りに受け取ることができない。せいぜいのところ、快楽主義者であるカリクレスを籠絡するためのレトリックを弄していると見るべきであろう（Strauss, op. cit. 190）。他方、『プロタゴラス』の末尾近くで、ソクラテスはあたかも徳とは将来にわたって快楽と苦痛とを正確に計算し得る知に尽きるかのような議論を展開するが（351b-358a；cf.『国家篇』505b-d）、これも「世の多くの人々」の考え方によれば、という引用符つきの議論にとどまる。やはり額面通りに受け取るわけにはいかない（Strauss, op. cit. 435）。

†6　デイヴィッド・ヒュームは、真実の追求は狩猟によく似ていると言う。いずれも、目的の達成は困難かつ不確実で細心の注意と多大な努力を必要とするが、それだけに有益な目的が達成されたときに得られる喜びは大きい（David Hume, *A Treatise of Human Nature*（David Fate Norton and Mary J Norton eds, Clarendon Press 2007）288-89［2.3.10.8］）。

†7　前提が覆されるのは、筆者の面前のお二人だけではないであろう。何千人という社会科学者の方々の生活がかかっている。歴史学の領域で類似した前提をとっていた学者として、ルイス・ネイミアがいる（本書3「思想の力――ルイス・ネイミア」参照）。

†8　†1で描いた事例を参照。

†9　本章で「科学的合理性の前提」と呼んだ選択のモデルは、オクスフォードで長く哲学を教えたジェームズ・

グリフィン（1933-2019）が「嗜好モデル the taste model」と呼ぶものに、それと対立するモデルは、彼が「認識モデル perception model」と呼ぶものに対応する（James Griffin, *Value Judgement: Improving Our Ethical Beliefs*（Clarendon Press 1996）20）。これらはそれぞれ、ジョゼフ・ラズが「合理主義的 rationalist」および「古典的 classical」な人間行動のモデルと呼ぶものとほぼ対応している（Joseph Raz, *Engaging Reason: On the Theory of Value and Action*（Oxford University Press 1999）47）。さらに、すべてを選好の問題に還元する「法と経済学」と古典的な道徳上の諸問題とを対比させる Gardner（†4）9 をも参照。

11　高校時代のシモーヌ・ヴェイユ

シモーヌ・ヴェイユは、截然として容赦がない。彼女によると、

哲学の適切な方法は、解決不能な諸問題のあらゆる解決不能性を明晰に理解し、ただそれらを熟考することである。じっとたゆむことなく、年月を経ても、希望を抱くこともなく、辛抱強く待ちつつ。この規準に照らすと、本当の哲学者はわずかしかいない。わずかならいるとさえ言いがたい。[†1]

哲学とは（認識等の問題を含めて）、行動と実践以外のなにものでもない。哲学について書くことがこれほどまでに難しいのもそのためだ。テニスやランニングの専門書を書くの同じように、いやそれよりも難しい。[†2]

修道僧を思わせる彼女の生涯そのものが、[†3]行動であり実践であった。

＊

シモーヌは一九〇九年、ユダヤ系の裕福な医師の家庭に生まれた。彼女はパリのリセ、アンリ四世校の高等師範受験クラス（cagne）を経て高等師範学校（l'École normale supérieur）を卒業した。

一九三一年、高等師範学校を出たシモーヌは、オーヴェルニュのル・ピュイ（Le Puy）のリセに哲学教師として着任する。ル・ピュイにはパリから母親が付き添ってきた。リセの受付掛は、シモーヌを新入生と間違えたそうである。[†4]

シモーヌは、小学校教師の初任給以上の暮らしはしないと決心し、給与の残りは、労働組合への寄付やその機関紙の講読に当てた。それでも母親は、彼女のために町で一番のアパートを借りることにし、同時に着任したフランス語の教師とルーム・シェアするよう手配した。[†5]

シモーヌは潔癖症で食べ物の好き嫌いが激しく（果物に染みが一つあるともう食べない）、きわめて高価で新鮮なものしか食べようとしなかった。母親は同居する同僚に日々の買い物をするよう頼み、買い物代の差額を支払っていた。シモーヌは自分がどれほど高価な食物をとっていたか知らなかったわけである。母親は毎月、町を訪れる際、シモーヌのための靴下やシャツを衣装棚に忍び込ませた。[†6]

哲学は教室での授業にはとどまらない。哲学は行動と実践である。彼女は、学校から休暇をとっては、工場や農場で働き、組合活動に献身した。しかし、彼女の行動と実践はときに悲喜劇の様相を示す。

ル・ピュイで彼女は炭鉱を訪れ、許しを得て削岩機を使った。止められなければ、彼女は倒れ込むまで続けていたはずである。[†7] ブールジュ（Bourges）のリセで教えていたときは、町の食堂のウェイトレスたちに、彼女たちの給与がいかに不十分であるかを説いたが、ウェイトレスたちは、自分たちは十分満足していると抗議した。[†8] さらに、生徒の親戚である農家の夫婦に頼み込んで仕事を手伝うことにしたが、シモーヌは暇さえあれば夫婦の暮らし振りを究明しようとした。夫婦は、農家の暮らしがとてつもなく不幸で報われないものだと彼女が思い込んでいるらしいことに気がつき、訪問をやめるよう人伝てに頼んだ。「あの人は勉強のしすぎで頭がおかしくなったのだ」と夫婦は考えたとのことである。[†9]

＊

一九三六年二月、スペインで人民戦線政府が成立し、七月には軍の叛乱が勃発した。シモーヌは両親にスペイン行きを宣言した。[†10] 彼女はジャーナリストを装い、組合仲間の助けを借りて国境を越え、伝をたどって多国籍の義勇軍部隊に同行する。さらに彼女は、自分がスペインに来たのは、旅行や視察のためではなく、戦うためだと言い、銃を手に入れる。ただ、彼女の極度の近視を知っていた同僚は、実戦や訓練に際して彼女の前方を横切ることを慎重に避けていた。[†11]

シモーヌは近視のせいで、ある日、料理用に煮えたぎっていた油の中に片足を突っ込んだ。大火傷を負った彼女はバルセロナに送られた。それを知った両親はバルセロナに赴き、方々を尋ね歩いて、ようやく診察もろくに受けずにベッドに横たわっていたシモーヌを発見した。両親は彼女を説得して一緒にフランスに帰国した。両親に発見されなければ、彼女は片足を失っていたはずである。[12]彼女が同行していた多国籍部隊は、その後間もなく壊滅的な打撃を被り、生存者はほとんどいなかった。大火傷を負ったおかげで、彼女は生きのびたことになる。[13]

*

シモーヌ・ヴェイユの詳伝を著したシモーヌ・ペトルマンは、[14]アンリ四世校で、エミール・シャルティエの哲学の授業を、シモーヌとともに受講している。シャルティエは、アラン（Alain）という筆名で知られる。[15]

アランは、徴兵年齢を超えていたにもかかわらず砲兵として第一次世界大戦に参加し、[16]学歴が保障していた士官への昇進も拒絶した。他の人々が危険に直面しているのに肘掛け椅子にすわることは不名誉だというのがその理由である。[17]足の負傷だけで前線での戦闘を生きのびた彼は、理性の支配に関する幻想とともに、政治指導者に対する信頼をもすべて失い、戦闘的平和主義者となった。[18]

シモーヌはアンリ四世校においてすでに、修道僧を思わせる中性的服装、極端な知的厳格さ、容赦ない論理、揺るぎない不屈の意思を備えていた。[19] ペトルマンは、シモーヌがアランに、その思考の核心的な部分を負っていることは確かだと言う。アランの授業でシモーヌの哲学は誕生した。[20] シモーヌの哲学は、アランの哲学から出発し、それを延長したところにある。[21]

アランの哲学を要約することは至難であるが、その核心的な思考として、ペトルマンは以下の諸点を挙げる。当時のリセの教科書や授業内容を占めていた多くの観念を否定するものである。[22]

・心理学は通常の意味での科学ではあり得ない。厳密に言えば、意識に関する事実は存在しない。単一の全思考があるのみである。

・思考は感覚から生まれるものではない。むしろ感覚が、われわれの思考全体を通じて磨き上げられる。

・低いレベルの意識は高いレベルの意識なしには存在し得ない。

・無意識は心理的事象としては存在しない。無意識なのは身体のみである。

・心理的意識は道徳的意識と分離し得ない。単一の意識しか存在せず、それはわれわれが道徳問題を提起するとき生まれる。良心の咎めなしに意識はない。善の観念は至高の観念であり、それが他のすべての観念を生み出す。

・善の意思、むしろ単に意思が、精神生活のすべてを支える。

・悪の意思は存在しない。意思と悪意とは互いを排除する。善への意思か悪への意思かではなく、意思するか意思しないかである。

・道徳原理は、「私はそうすべきである」ではなく「私はそう意思する」である。私がすべきこと、それは自由であること、すなわち意思することである。

・自由でない意思は存在しない。自由でないなら、それは意思ではない。自由でないものは意思ではなく、欲求や熱情である。

・行動を伴わない意思は存在しない。意図や決心は意思ではない。意思は行動にしか存し得ない。

・選択の問題は存在しない。意思の役割は、選択することではない。行動は常に開始されている。意思の役割は選択と折り合いをつけ、それを善きものとすることにある。

・継続を通じて、悪しき過去を善きものとすることができる。人は思い違いや熱情に駆られて行動を開始するが、過ちと熱情を素材として、人は自由を生み出すことができる。

・想像は、ある意味では存在しない。想像はそれ自体、想像上のものだ。われわれは事物の写真を撮るように、心の中にイメージを生み出すわけではない。イメージと呼ばれているのは、実際に見てはいないのに、ある事物を眼前にしていると信じ込ませるわれわれの身体の動きの意識にすぎない。

・夢は、独立した事象としては存在しない。それは、多少本物らしく作り上げられた知覚にすぎない。夢は、発生はしたものの全く不完全な知覚である。

・外界の世界の存在という問題はない。精神は知覚するもののみを思考する。精神は存在するものしか思考し得ない（その表象の正確さに程度の違いはあるが）。

・しかし、精神が存在する事物を把握する際の形式と原理とは、精神のそれであり、事物のそれではない。精神がそれ自身であるに従い、自身とその原理により忠実であるに従い、事物をよりありのままに認識する。

・科学の形態と原理は、知覚の形式と原理そのものである。知覚と結合しない科学に価値はない。

・知覚と結合した判断は、論理より価値があり、より真実である。

・芸術家の構想は取るに足らず、芸術的価値は全くない。芸術家は、現実化した作品より美しい心の内のモデルを写し取ることで美を創造するのではない。芸術家はまず行動し、作り上げたものを熟視し、作業を継続し、次第に、作業を通じ作品自体において、予想もし得ない美の形態を発見する。

・かくして美に到達するのは、作業と判断を通じてである。神秘的な創造の能力によるのではない。

・芸術と思考における天分は、意思にこそある。ヒロイズムや聖性と同じである。思考の人、行動の人と芸術家の間にさしたる違いはない。

・複数の信念に直面してためらう迷いではなく、自由であろうとして、必ずしも信念を変えようとはしないが、信念から距離をおくような仕方での迷いというものがある。

・意思にもとづく信念は、懐疑と両立しなくはない。それどころか、懐疑はあらゆる真なる思考に見出すことができる。それは理性の特質である。

・観念はそれ自体で、思考する人と独立に、真でありはしない。厳密に言えば、真なる観念は存在せず、むしろ、真なる人の真なる思考が存在する（これは、真理が主観的・相対的であることを意味しない）。

・注意（attention）とは、普通言われるような、ある対象や思考に心を奪われるような、心が何かに占拠されることを意味しない。それどころか、本当の注意は、懐疑と自由に満ちている。

・注意は熟考であり、とりわけ、対象を変化させられないときに行われる。人は通常、働きかけ得る対象を認識しない。奴隷は主人を認識するが、主人は奴隷を認識しない。科学は主として熟練や外的行動からではなく、むしろ宗教的観照から生み出される。

・習慣（l'habitude）は、厳密に言えば、拘束するものではなく、解放するものである。慣習（la coutume）は拘束する。習慣は、訓練を通じて自分自身を維持することである。

シモーヌはアランの授業で数々のレポートを作成した。一九二六年二月に作成された「美と善」と題されたレポートには、アランが「とても素晴らしい très beau」と書き込んでいる。

シモーヌはまず、道徳的行為とは、あれこれのルールに沿った行為ではなく、自由で予測不能な行為であり、芸術作品のように一つの創造であると言う。それは、自分自身に忠実な純粋な行為である。論述の中心となっているのは、アレクサンダー大王の逸話である。彼は、砂漠を行軍中、彼のために遠方から運ばれた水を砂上に撒いた。ともに行軍する兵士と同様に渇きを体験するため、特権を享受しないためである。「誰も、アレクサンダー自身でさえ、彼のこの驚くべき行為を予見してはいなかった。しかし一旦なされると、誰もがこうであるべきだと考えた」。善と義務とは、かくして自由な意思によって創造される。

シモーヌは、アレクサンダーの行為は、一見したところ、誰のためにもならないと言う。それはアレクサンダーの純粋さ、その人間性を保持した。しかしだからこそ、それは皆のためになった。

彼が水を飲んでいれば、その悦びのため、彼は彼の兵士たちから切り離されていただろう……彼にとっての問題は、人であることだった……世界を救うために必要なのは、正しくあり、純粋であることだ……犠牲とは苦痛を引き受けること、自身の動物的欲求を拒否すること、苦悩する人々を自らとともに苦しむことで贖う意思である。すべての聖人が水を撒いてきた。すべての聖人が、人々の苦悩から彼を切り離す悦びを拒否してきた。

このテクストは、シモーヌのその後の生涯を予見させると、ペトルマンは言う。[†23] 最終学期でのアランのシモーヌへの評価は、「素晴らしい生徒だ。輝かしい将来を期待する」というものであった。[†24]

*

一九四〇年五月、ドイツ軍はフランスへの侵攻を開始した。同年六月、ドイツ軍のパリ侵攻を間近に控え、シモーヌは両親とともに、パリを発つ最後の列車で南を目指す。アメリカへの渡航ヴィザを取得するためマルセイユにしばらく滞在した後、船でアメリカに向かう。

一九四二年六月、ニューヨークに到着したシモーヌは、ロンドンに拠点を置く自由フランス（la France libre）に加わろうとする。彼女には、二つのアイディアがあった。一つは前線の看護部隊である。パラシュートで前線に降下した白衣の看護婦たちが、自らの命を危険にさらしつつ、その場で瀕死の負傷兵を看護するという、ひめゆり部隊を想起させる驚くべきものである。[†25] いま一つは、彼女自身が占領下のフランスに潜入し、パルチザン活動に参加するという[†26]ものである。

彼女はアンリ四世校以来の知人であったモーリス・シューマンに自身のアイディアを記し、自由フランスへの参加を願う手紙を送った。シューマンの助力で、シモーヌは一九四二年一一月、船でリバプールへ向かう。別れ際に彼女は、両親にこう言った。「私に人生がいくつもあるなら、その一つをあなた方に捧げたでしょう。でも私には一つの人生しかない」[†27]。

ロンドンの自由フランスの下で働くこととなったシモーヌであるが、彼女の献策はいずれも採用されることはなかった。前線に看護婦を降下させるというアイディアを上申されたドゴールの反応は、

「彼女は頭がおかしい Mais elle est folle!」というものであった。[28]

彼女のフランス潜入については、賛成する者が誰もいなかった。彼女のいかにもユダヤ人という風貌からして、すぐさま逮捕されてしまうであろうし、そうなれば彼女だけでなく、抵抗運動の仲間も危険にさらされる。[29]

シモーヌには、解放後のフランスのあり方に関する分析と執筆活動に専念することができるよう、彼女だけの部屋が与えられ、そこで『根をもつこと』を含む膨大な論考が執筆された。しかし、彼女は次第に健康を害するにいたる。彼女にとって執筆活動では、十分ではなかった。

自分の身を危険にさらして苦難に耐えることを切望していたにもかかわらず、願いが叶わず悲嘆にくれたことも一因であろうが、そもそも彼女は食欲に乏しく、結核による衰弱もあって、ますます少量しか食べなくなっていた。占領下のフランス国民と同量の食事しかとらないと決意していたふしもある（占領下のフランス国民の食事量について、彼女が正確な知識を持っていたわけではなかったが）[30]。

一九四三年四月一五日、自由フランスの同僚の一人は、彼女が仕事部屋にいないことに気付き、ポートランド・ストリートの借間を訪れて、床に倒れ伏して意識を失った彼女を発見する。彼女自身の抗議にもかかわらず、ただちに入院することとなった。医師は回復を期待したが、そうはならない。食事をろくにとろうとしなかったためである。[31]

彼女はロンドンを離れたサナトリウムでの療養を希望した。窓から見えるのが石壁ばかりのロンドンの空気の中で、回復するはずがないと彼女は訴えた。同僚は早期に入所可能なサナトリウムを探し、八月に彼女は、ケント州アシュフォードのグロウヴナー・サナトリウムに搬送された。一九四三年八月二四日の夕刻、シモーヌは昏睡におちいり、その夜、逝去した。検死官による検死が二七日、行われた。担当の医師、看護婦からの聴取をも踏まえた検死報告書は、次のように述べる。[†32]

死因は心筋の衰弱による心不全であり、栄養不良と肺結核が心筋の衰弱をもたらした……故人は精神の平衡を失い、食事を拒否して自死した。

検死官の結論は自殺であった。人々の苦難をともにしようとする彼女の純粋な行動と実践は、両親をはじめとする周囲の人々の膨大な助力と努力があってはじめて可能なものであった。尊い生涯であったが、それも一種の特権である。[†33] アレクサンダーは、彼のため、遠路はるばる水を運搬した従者の努力をどう感じたであろうか。

注

†1 Simone Weil, *First and Last Notebooks* (Richard Rees trans, Wipf & Stock 2015) 335.

†2 Ibidem 362.

†3 独身、断食、苦行、禁欲、孤独といった彼女の生涯の特質は、デイヴィッド・ヒュームが、何の役にも立たず、分別のある者なら誰もが拒絶する「修道僧の美徳 monkish virtues」と呼んだものである (David Hume, *An Enquiry concerning the Principles of Morals* (Tom L Beauchamp ed, Clarendon Press 1998) 73 [Section

9, Paragraph 3]）。ヒュームの道徳観は快楽と苦痛を基礎としており、義務を核心とするもの（duty-centred）ではない（Don Garrett, *Hume*（Routledge 2015）279）。

†4 Simone Pétrement, *La vie de Simone Weil*（Fayard 1973）136. 同書には邦訳『詳伝シモーヌ・ヴェイユⅠⅡ新装版』杉山毅・田辺保訳（勁草書房 二〇〇二）がある。

†5 Ibidem 138–39.

†6 Ibidem 140.

†7 Ibidem 188.

†8 Robert Zaretsky, *The Subversive Simone Weil: A Life in Five Ideas*（University of Chicago Press 2021）76.

†9 Pétrement（†4）372–73.

†10 Ibidem 386.

†11 Ibidem 389.

†12 Ibidem 391–94.

†13 Ibidem 396.

†14 Simone Pétrement（1907–1992）は、フランスの哲学者。グノーシス主義の研究で知られる。

†15 Émile Chartier（1868–1951）はフランスの哲学者。著作に『幸福論 *Propos sur le bonheur*』（1928）、『定義集 *Définitions*』（1953）がある。

†16 開戦時、アランは四六歳であった。

†17 Zaretsky（†8）, 80–81.

†18 Ibidem 65.

†19 Pétrement（†4）51.

†20 Ibidem 47.
†21 Ibidem 53.
†22 Ibidem 54-55.
†23 Ibidem 60.
†24 Ibidem 71.
†25 Ibidem 511-12.
†26 Maurice Schumann（1911-1998）は、フランスの政治家。自由フランスに参加し、戦後はポンピドゥー大統領の下で外務大臣を務めた。
†27 Pétrement（†4）642.
†28 Ibidem 667.
†29 Ibidem 668.
†30 Ibidem 681.
†31 Ibidem 674.
†32 Ibidem 692.
†33 ロバート・ザレツキーは、シモーヌの生き方は定言命法の要請に忠実な生き方であり、理想的ではあるが、ほとんどの人にとって不可能な生き方だと言う（Zaretsky（†8）159）。シモーヌの生き方が不可能なものだとの観察はその通りであるが、定言命法の要請に忠実だとの観察は、定言命法に関する通俗的な誤解にもとづくもののように思われる。カントの言う定言命法の要請は、普遍的法則として妥当させると自己破壊的となる格率を排除するためのものであり、人に不可能な生き方を強いるものではない（本書1「道徳対倫理――カントを読むヘーゲル」参照）。

12 道徳理論の使命——ジョン・ロックの場合

　ジョン・ロックは一六三二年八月二九日、イングランド南西部のサマセットに生まれた。父親は治安判事の書記や弁護士として働いた法律家で、一六四二年に議会とチャールズ一世の間で戦闘が開始されると、議会側の軍に参加した。ロックは父親が仕えた治安判事の推挽でロンドンのウェストミンスター校に入学し、さらにオクスフォードのクライスト・チャーチ・コレッジに進学した。一六八四年に除名されるまで、彼はクライスト・チャーチに籍を置くことになる。

　ロックが修めた学問分野の一つは医学である。彼は一六六六年に財務卿のアンソニー・アシュレイ・クーパー——一六七二年より初代シャフツベリ伯——と知り合い、一六六八年には彼の企画でシャフツベリ伯の肝臓の手術が行われた。手術は成功し、伯の厚い信任を得たロックは伯の庇護の下で、医者、秘書、相談役、子女の教育掛など、さまざまな役割を果たす。

　シャフツベリ伯の邸宅で生活したロックは、ロンドンの汚染された空気のために肺を病んだ。転地療養のため、彼は一六七五年から七九年までフランスに滞在する。彼が『統治二論』の大部分を執筆したのは、帰国した一六七九年から八三年までのことと考えられている。[†1]

シャフツベリ伯と国王チャールズ二世との関係は、安定したものではなかった。伯は一六七三年には大法官の職を解かれ、七九年四月には枢密院議長に任命されるが、カトリックである王弟ジェームズから王位継承権を剥奪する企てを諦めようとしなかったため、同年一〇月に罷免された。ジェームズが継承権を失えば、王位は彼の娘でプロテスタントであるメアリー――名誉革命後に、夫であるウィリアム三世と共同王位に就くメアリー――に受け継がれる。

チャールズはジェームズの王権に制限を加えることと引き換えに王位継承権剥奪法案を取り下げるよう議会に求めたが、議会は承服しなかった。チャールズは一六八一年三月に議会を解散し、その後、議会を召集することはなかった。カトリック諸国の盟主であるフランスのルイ一四世からの財政支援を得て、チャールズは議会抜きの王権行使による執政を開始した。

ロックは『統治二論』で、議会を召集し解散するのは執行権者であることを認める。しかし、その権限はあくまで、公共善を実現するため執行権者に信託されたものである。†2

> 立法部が集合し議決することが必要になったときに、政治的共同体の実力を握っている執行権力が、その力を利用してそれを妨げたらどうなるのだろうかと問われるかもしれない。それに対して、私は、権威もなく、また、自分に寄せられている信託に背いて人民に実力を用いることは人民と戦争状態に入ることであり、その場合には、人民は立法部が彼らの権力を行使しうる元の地位に戻す権利をもつと言いたい。……社会にとって必要なこと、あるいは、国民の安全と保全と

が賭けられていることから何らかの力の妨害によって遠ざけられた場合には、彼らはそれを実力によって排除する権利をもつからである[†3]。

必要があるにもかかわらず議会の召集を執行権が拒んだとき、人民は叛乱を起こすことができる。議会を通じた抵抗の途をふさがれたシャフツベリ伯は、実力行使に訴えることを企てる。一六八一年七月、彼は謀叛の嫌疑で逮捕され、ロンドン塔に送られた。一一月末、大陪審は彼を不起訴とする。その後、陪審員選任への影響力をも削がれた伯は、八二年一一月オランダに亡命し、翌年一月死去した。

ロックがオランダに渡ったのは一六八三年九月のことである。何がその直接のきっかけであったかは、明らかになっていない[†4]。彼がジェームズの王位排斥運動を主導したシャフツベリ伯の庇護下にあったことは、周知の事実である。それに加えて、政治権力の根拠が人民の同意にあり、政府が信託に背いて権限を行使したとき、叛乱が正当化されると主張する原稿をひそかに作成していたことが、要因の一つであったことが推測される。八四年一一月、チャールズの指示を受けて、クライスト・チャーチ・コレッジはロックのスチューデントシップを剝奪した[†5]。

ウィリアム三世によるイングランド侵攻が成功した後の一六八九年二月、ウィリアムの側近であったチャールズ・モードント卿の招請で、ロックは帰国した。彼は五七歳になっていた。彼が当代を代表する哲学者として名声を博するにいたるのは、帰国後のことである。

オランダ亡命中のロックが執筆にいそしんだのは、『人間知性論 *An Essay concerning Human Understanding*』である。彼がこの書物にかかわる研究を開始したのは、一六七一年のことである。ロック自身による同書冒頭の「読者への手紙」によると、

この試論の成立の経緯をお話ししてよければですが、私の部屋で五～六人の友人とともに本書と全く関係しないテーマについて議論していたところ、そのあらゆる側面が困難をもたらしたためすぐに行き詰まってしまいました。しばらく悩んでも疑問に解決を与えることができなかったところで、私は次のことに思い当たりました。われわれは間違った手順を踏んでいるのではないか、ことの性質を探求する前に、われわれ自身の能力を検討し、われわれの知性が何を扱うことができ、何を扱うことができないかを理解することが必要ではないかと。そう友人たちに話したところ、彼らはすぐに同意し、その場で、この問題をまず探求すべきだということで意見の一致を見ました。[†6]

＊

ロックはこの頃、シャフツベリ伯の邸宅で暮らしていた。人間の知性と理解力の探求がこうして始

まり、病弱なロックの健康状態が許す限りで続けられ、そして同書に結実した。ロックの友人であったジェームズ・ティレル（1642-1718）によると、ロックの部屋で議論された当初の問題は、「道徳と啓示宗教の諸原理」である。[†7] 道徳と啓示宗教とは、いずれも『人間知性論』で扱われてはいるが、その中心的テーマとは言えない。論争をもたらすテーマは周縁的にのみ扱うことにしたのであろうが、それでもこれらはロックが終生、関心を持ち続けたテーマであった。

＊

『人間知性論』は、生得観念（innate ideas）を否定したことで知られる。人のすべての知識、すべての観念は、経験から得られたものである。生まれながらにして人の心に刻み込まれた観念は存在しない。神の存在も、神の全知全能性も、神の啓示した道徳の真正性もそうである。これは当時の通念に反する主張であった。

ロックが実際に扱っているのは、生得の観念よりはむしろ生得の原理（innate principles）である。原理は理論的（speculative）原理と実践的（practical）原理に区分される。[†8] 生得の原理があると主張する人々は、原理の中には普遍的に承認されているものがあるとし、それを根拠としてそれらが生得のものであると主張する。

しかし、普遍的に承認される原理があるとしても、生得であること以外に普遍的に承認される理由があるとすれば、生得原理の存在証明にはならない。さらに悪いことに、この議論は、生得原理が存在しないことを証明している。というのも、すべての人が一致して承認する原理など存在しないからである。

理論的原理としては、同一律や矛盾律が知られている。これらは普遍的に承認された原理として想定されている。しかし、子どもや白痴（children and ideots）はそもそもこれらの原理を理解しない。ということは、生得原理は存在しないということである[†9]。生まれながらに心に刻み込まれているのであれば、それを理解できないはずはない。理解していないのであれば、そうした刻み込み（impressions）はなかったことになる[†10]。

実践的原理については、普遍的承認がないことはさらに明らかである。同一律や矛盾律ほどに広く承認された実践的原理は一つとして存在しない。そうすると、実践的原理に生得のものは、さらにあり得ないことになる。同一律や矛盾律は、生得の原理ではないものの、証明を要しないほど自明ではある。他方、実践的原理の中に、真のものがあり得ないわけではないが、それらは自明ではない[†11]。

人類すべてが承認する道徳原理は存在するだろうか。何の疑いもなく普遍的に承認された道徳的真理はあるだろうか。正義（justice）や契約の遵守は、多くの人が同意する原理である。盗人の巣窟や悪党の集団でも、誠実さや正義のルールは遵守される。しかし彼らがそうするのは、それが生得だからではなく、仲間うちの便宜にかなうルール（rules of convenience）だからである。悪党が正義を道徳原理として承認しているのであれば、仲間うちではフェアに振る舞う一方、たまたま出会った正直者に強盗や殺人を働くことはないはずである。[12]

実践的原理について、人がその理由（根拠）を尋ねようとしないものはない。もし実践的原理が生得で自明であれば、そんなことをするはずがない。[13] 契約を遵守すべきだという原理は否定し難い道徳原理である。

しかし、キリスト教徒になぜ契約を遵守すべきかと訊けば、永遠の生と死を支配する神がそれを命じたからだと答えるだろう。他方、ホッブズ主義者（Hobbist）であれば、それが公益にかなうし、遵守しなければリヴァイアサンに罰せられるからだと答えるだろう。古典古代の哲学者であれば、契約を遵守しないことは不正直であり、人の尊厳に反し、美徳に背くからだと答えるだろう。[14] 良心（conscience）と呼ばれるのは、行為の正・不正に関するわれわれの判断にほかならない。もし人の良心が生得の原理の証明になるとすれば、相互に衝突するさまざまな原理が生得のものだということになる。ある人が避けようとすることを他の人はしようとするものである。[15]

もし道徳原理が生得のもので、人の心に刻みつけられているなら、なぜ都市の略奪、強盗、殺人、強姦が起こるのか。母親が出産の際に死亡すると生まれた子も一緒に埋葬する国もある。アジアには、瀕死の病人を荒れ野に放置し、風雨にさらして死ぬにまかせる国もある。自分の子どもを太らせて食べてしまう国もある。人類の歴史を調べ、諸国を見渡すならば、道徳原理や美徳のルールと言われるもので、無視されたり断罪されたりしないものはないことが分かる。[16]

これらの事例はルールが知られていないことの証明ではなく、ルールが違背されたことの証明にすぎないと反論されるかも知れない。そうだとしても、道徳原理が生得のものではないことの証明にはなる。親は子を慈しむものだというルールほど、広く承認されたものはないにもかかわらず、前述の事例は、このルールがすべての人を支配してはいないことを示している。[†17]

実践的原理に関する人々の間での見解の相違は明白であり、普遍的承認をもって生得の道徳原理の存在を証明しようとすることは不可能である。実際のところ、生得の道徳原理が存在すると主張する人々は、何が具体的にそれにあたるかを滅多に明示しようとはしない。具体的に示された稀な例を見ると、たとえば「美徳は神の最善の崇拝」という原理は、もしそれが、人々がそれぞれ美徳だと信ずることを行えということであれば、確かな原理とは到底言い難いし、「神が命ずることを行え」ということであれば、神が何を命じているかが分からない限り、無内容な原理である。[†18]「罪を悔い改めるべし」という原理も、何が罪であるかが明らかにされない限り、やはり無内容である。[†19]

こうしてロックは、生得の道徳原理という考え方を根底から覆そうとする。人が何を正しいと考えるかは、国ごとに異なる慣習や世論や教育や迷信にもとづくところが大きい。もっとも彼は、客観的に正しい道徳原理が存在することを否定するわけではない。生来われわれに備わる理性を用いることで、自然法（law of nature）を把握することはできる。生得の法を否定することは、啓示によることなく、理性によって知り得る法の存在を否定することではない。[†20]

ロックによれば、道徳原理は法である。法は立法者の存在を含意する。立法者は、賞罰を与えることで人々の欲望（desires）にもとづく行動にたがをはめる。賞罰は人が法に違背することで得られる満足のバランスを正す。[21]

道徳の立法者は神である。神が人々を義務付けることができるのは、この世を超える来世が存在するからである。[22] 道徳原理が生得のものだと主張する人々は、したがって、神の存在と来世での賞罰が生得の観念だと主張する必要がある。しかし、それは決して普遍的に承認された考え方ではない。中国をはじめとして、そうした神の観念の欠如した国々は珍しくない。[23]

そもそも人は生来備わった理性を用いることで、生得の原理に訴えることなく、神の存在と神にかかわる事柄を知ることができる。[24] 人が自分の力で考えるよう、神は人をしつらえている。原理が生得のものだとすれば、人はもはや自分で考える必要がなくなる。人を支配し権威を振りかざそうとする者にとって、原理を生得で疑うべからざるものとすることは都合がよいであろうが、それは神の意図に反する。[25]

＊

ロックによれば、善と悪の観念は快楽（pleasure）と苦痛（pain）の観念に由来する。快楽をもたらすものが善であり、苦痛をもたらすのが悪である。[26] 道徳的な善悪も変わりはない。道徳的に善い行為とは、立法者が結果として報奨を与える行為であり、悪い行為とは、立法者が罰を与える行為である。[27] 行為自体が道徳的に見て善や悪であるわけではない。あくまでその結果としてもたらされる快楽と苦痛が問題である。

意思とその決定に関して人々が混乱に陥ってきたのは、道徳的な正しさ（rectitude）の観念を道徳的な善と同一視したからである。人がある行動をとることで得る快楽やその結果として期待される快楽は、たしかにそれ自体で意思を動かし得るし、動かすべき善である。しかし、道徳的な正しさそれ自体は、善でも悪でもなく、意思を動かすものではない。意思を動かすのは、行動に伴う快楽や苦痛、または行動の結果として期待される快楽や苦痛である。このことは、神が道徳的な正や不正に結びつける罰や報奨が意思の動機付けとして相応しいことからも分かる。もし道徳的な正しさ自体が善であり、道徳的な不正自体が悪であれば、神による罰や報奨は不要であろう。†28

神の法にしろ、人定法にしろ、世論の法にしろ、人は法の遵守と違背の結果として何がもたらされるかを規準に、道徳的な善と悪を判断する。†29 中でも神の法は、理性によって把握し得るものであれ、聖書で啓示されたものであれ、道徳的正しさに関する唯一の真正な規準である。神が法によって人の道を指し示すことを疑う者はいない。

われわれが神の被造物である以上、神にはそうする権利がある。神には、われわれを最善の行いへと導く善と知が備わっている。そして神には、来世において無限の重さと無限の時にわたる報奨と罰を与える力がある。何者も彼の手からわれわれを解き放つことはできない。[†30]

ロックは人が快楽と苦痛にもとづいて行動すると考える快楽原理主義者（hedonist）である。人はある行為がいかなる快楽と苦痛をもたらすかを自ら検討し、その結果として欲望（desire）を覚え、欲望に従って行動する。快楽と苦痛を検討し、いかに行動するかを判断する能力が意思（will）である。人が自身の判断によっていかに行動するかを決めるとき、その人は自由である。そうでないとき、その人は自由ではない。テニスボールは自由ではない。川で溺れている人も自由ではない。[†31]

何に快楽や苦痛を感じるかは、人それぞれである。ある人は学問を好み、ある人は狩猟を好む。ある人は美しい風景を好み、ある人はワインを好む。何が最善の生き方かも人によってさまざまである。[†32] 人を行動へと駆り立てる欲望は、誤った判断によって生じることもある。来世の永遠の賞罰に比べれば、この世のはかない幸福は些末なことのはずである。[†33]

来世で永遠の幸福を得られるか否かは、神の法に従うか否かによって決まる。神の法が何かは、数学の定理と同様に、理性を使うことで明らかにできる。[†34] 永遠にして全知全能の神の存在は、証明可能である。われわれが、能力で劣り、生が限られ、神に存在を依存する被造物である以上、人は至高にして無限の存在に従わざるを得ない。[†35] 数学に比べると道徳的観念は、私的利害や党派の対立がからみ、より複雑ではあるが、正しくことばを使い、関連する諸観念の異同を明らかにすれば、道徳原理の証

明は可能である。[†36]

＊

ロックの描く人間は、快楽と苦痛にかかわる効用計算で動く。その計算で圧倒的な比重を占めるべきなのは、神の設定する法に対応する来世における永劫の賞罰である。道徳的な善悪は、法との関係で定まる。善悪の究極の規準となるのは、神の定める法である。

ところで神に対しては、誰も法を定めることはない。誰も神に賞罰を与えることはない。つまり神にとって善悪はない。神は道徳を超越している。神が善だと決めたことが善である。神の判断は法にもとづくことはなく、完全に恣意的である。これでは、無法な独裁者の支配と変わるところはない。[†37]

それとも神は慈愛にあふれており、そのため彼の被造物が平和に暮らし、この上なく幸福になるべく、その法を定めるのであろうか。そんな保証はないように見える。被造物の幸不幸は、結局のところ、来世における賞罰によって決まる。来世の賞罰が現世のどのような行為と結びつくかは、神のみぞ知ることである。

現世でのどのような行為が来世での賞罰と結びつくかをロックは、理性によって明らかにすることができると言う。しかし、人が理性によってそれを知り得るためには、神が被造物に対する慈愛にあふれた存在であることが不可欠の前提となる。神が、人類はすべて来世で永劫の苦難を味わうべきだと最初から決定しているのであれば、人知を尽くしたとしても、人が従うべき神法を解明することは不可能であろう。

実際、ロックは『人間知性論』の中では、神の法の具体的内容が何かを明らかにしてはいない。[†38] 神の法は、啓示された聖書にすでに示されているという回答は役に立たない。ロックは、何が神の啓示(divine revelation)であるかは、理性によってしか判断できないとする。[†39]

*

ロック自身は、神が慈愛にあふれる存在であると信じていたようである。[†40] しかし、それは証明可能だろうか。ロックによる神の存在証明は、次のようなものである。[†41]

無から有は生じない。この世の存在者はすべて、別の存在者から生ずる。とすると、無限の過去に遡ってもなお、存在するものがいたはずである。

ある存在者（A）が別の存在者（B）を生み出すとき、Bはその能力のすべてをAに負っている。とすると、すべての存在の源泉である永遠の存在者は、この世のすべての能力の源泉でもある。つまり永遠の存在者は全能でなければならない。

さらにわれわれ人間には知覚し、理解する能力がある。とすると、この世界にはわれわれを生み出した知的存在者がいるはずである。その存在者は無限の過去から知覚し理解する能力を備えていたはずであるし、その能力はすべてを知覚し理解する能力でなければならない。つまり永遠にして全知全能の神は存在する。

しかし、以上からは、神が被造物に対する慈愛にあふれた存在であることは帰結しない[†42]。いかに行動すべきかという実践的問題に関する限り、ロックの言う人間の理性は、快楽と苦痛を素材とする効用計算の能力である。皮相でエゴイスティックな人間観と言わざるを得ない。結局のところ、ロックの道徳理論は、何のたがもはめられることなく恣意的に法を設定する神と、自らの快楽と苦痛のみを鍵にいかに行動すべきかを盲目的に探し求める人々の群れという寒々とした風景を浮かび上がらせることになる[†43]。

*

政治哲学者のJ・B・シュニーウィンドは、ロックの道徳理論をフーゴー・グロティウスが開始した近代自然法論の系譜に位置付ける[†44]。宗教改革後、自らの神こそが真正の神であるとの強固な信念の下、対立する宗派が血みどろの闘争を続ける中で、狂信者の集団とも価値相対主義とも距離を置き、人々が平穏に社会生活を送ることのできる安定的な枠組みを人間理性のみによって構築しようとしたプロジェクトである。

ロックに先行するトマス・ホッブズの『リヴァイアサン』も、こうしたプロジェクトに位置付けられる。しかし、ホッブズは無神論者として激烈な非難を浴びた。『リヴァイアサン』は、神の存在をあからさまに否定してはいない。あの世があるかどうかは分からないとは言っているが。[†45] それでも、自然状態で暮らす人々が、自己保存のみを駆動力として主権国家を創設し、主権者の命令を梃子として市民生活の枠組みを構築するという『リヴァイアサン』の行論では、神の積極的な役割は無に等しい。

ホッブズによれば、何が善（good）で何が悪（evil）かは、各人の主観によってしか判断できない。[†46] 自然状態では、誰もが自己保存を基本に据えた上で、各自が善だと考えることをそれぞれ行うことになるが、事態を客観的に見るならば、そこで展開されているのは、誰もが自己保存を目指して無制約な自然権を思うがままに行使する無秩序状態である。[†47] 人々の平和な社会生活を確保するには、主権者の主観的判断にもとづく命令を誰もが共通のルールとして受け入れ、それに従うしかない。[†48] しかし、神を窓際に追いやるホッブズの構想が、当時の人々に受け入れられることはなかった。[†49]

ロックの『人間知性論』では、神が頻繁に登場する。神は人間にとって道徳の真の規準となる法を設定し、その遵守・違背に対応する制裁を来世において——機械仕掛けのように自働的に——与える。しかし、ロックの描く道徳理論では、人間は結局のところ自分の快楽と苦痛を駆動力として行動し、神は全く恣意的に人の従うべき法を設定する。

『リヴァイアサン』では、人間の専制君主が恣意的に法を定め、それに人々が従う。『人間知性論』では、神が専制的に法を定め、人々は来世での永遠の至福を求めてその法に従おうとするが、その法が何かを人々が知ることができる保証はない。ロックは理性によって神法が何かを知ることができると言い張るが、その主張自体は、理性ではなく信仰に依拠している。どちらが、よりましな世界像だろうか。

注

†1 Peter Laslett, 'Introduction' to John Locke, *Two Treatises of Government* (Peter Laslett ed, Cambridge University Press 1988) 51; Roger Woolhouse, *Locke: A Biography* (2nd ed, Cambridge University Press 2012) 181-82.

†2 ジョン・ロック『統治二論』加藤節訳（岩波文庫、二〇一〇）四八〇-八二頁［Ⅱ篇一三章一五六節］。『統治二論』は、名誉革命後の一六八九年一〇月、匿名で出版された。

†3 同上四七九-八〇頁［Ⅱ篇一三章一五五節］。

†4 Woolhouse（†1）194-96.

†5 他のコレッジにおけるフェロウシップに相当する。

†6 John Locke, *An Essay concerning Human Understanding* (Peter H Nidditch ed, Clarendon Press 1975) 7. 同書はロックが生前に刊行した著作のうち、唯一、著者名を公にしたものである。

†7 Peter H Nidditch, 'Introduction' to Locke (†6) xix; Woolhouse（†1）98.

†8 Locke（†6）49 [I.II.2]. I.II.2 は、Book I, Chapter II, Section 2 の略である。

†9 Ibidem 49 [I.II.5].

†10 Ibidem 50 [I.II.5].

†11 Ibidem 65-66 [I.III.1].

†12 Ibidem 66 [I.III.2].
†13 Ibidem 68 [I.III.4].
†14 Ibidem 68 [I.III.5].
†15 Ibidem 70 [I.III.8].
†16 Ibidem 70–72 [I.III.9–10].
†17 Ibidem 72–73 [I.III.11–12].
†18 Ibidem 78 [I.III.18].
†19 Ibidem 78–79 [I.III.19].
†20 Ibidem 75 [I.III.13]. つまりロックは、社会学的事実としての価値の多元性・相対性は認めるが、価値相対主義者ではない。
†21 Ibidem.
†22 Ibidem 74–75 [I.III.13]; ibidem 87 [I.IV.8].
†23 Ibidem 88 [I.IV.8].
†24 Ibidem 91 [I.IV.12].
†25 Ibidem 101–02 [I.IV.24].
†26 Ibidem 229 [II.XX.1]. 快楽と苦痛は、歓喜（delight）と苦悩（trouble）と言い換えてもかまわない（ibidem）。呼称は問題ではない。
†27 Ibidem 351 [II.XXVIII.5].
†28 John Locke, 'Voluntas' in John Locke, *Political Essays*（Mark Goldie ed, Cambridge University Press 1997）321.
†29 Locke（†6）352–58 [II.XXVIII.7–14].

†30 Ibidem 352 [I.XXVIII.8].
†31 Ibidem 236–38 [II.XXI.5–10]. つまり、ロックにとって、人の行動が快楽と苦痛（に関する自身の判断）によって決定されていることと、人が自由にその意思にもとづいて行動することは両立する。
†32 Ibidem 268–69 [II.XXI.54].
†33 Ibidem 255 [II.XXI.37].
†34 Ibidem 549 [IV.III.18].
†35 Ibidem 651 [IV.XIII.3].
†36 Ibidem 565–68 [IV.IV.7–10].
†37 JB Schneewind, 'Locke's Moral Philosophy' in *The Cambridge Companion to Locke*（Vere Chappell ed. Cambridge University Press 1994）206–07.
†38 Laslett（†1）81. 自然法の具体的内容を詳細に描き、それが神によって「全人類の胸のうちに書き込まれて」いるとする『統治二論』の論述（ロック（†2）三〇四頁［II篇二章一一節］）と生得の道徳原理を否定する『人間知性論』の矛盾のゆえに、ロックは『統治二論』を匿名で刊行したのではないかと、ラスレットは推測する（Laslett（†1）82）。他方、自然法が生得であることを否定すると同時に、他人の財物を奪うな、他人を傷つけるな、両親を敬え、隣人を愛せ等が理性によって獲得し得る自然法であると述べる『自然法論 Essays on the Law of Nature』（Locke, *Political Essays*（†28）95–100 and 122–23）は、ロックの生前、刊行されることはなかった。
†39 Locke（†6）695 [IV.XVIII.10].
†40 Ibidem 352 [II.XXVIII.8].
†41 Ibidem 620–21 [IV.X.3–6].
†42 Schneewind（†37）207.

†43　Ibidem 208.

†44　Ibidem 219-22.

†45　Thomas Hobbes, *Leviathan*（Richard Tuck ed, Cambridge University Press 1996）103 [Chapter 15].

†46　Ibidem 39 [Chapter 6].

†47　Ibidem 91 [Chapter 14].

†48　ホッブズの言う「自然法law of nature」は、自己保存に反することはするな、自己保存に役立つことを怠るな——言い換えれば、他人の暴力による死を逃れよ——というものである（ibidem）。この自然法からは、人々が樹立した主権者が恣意的に設定した法（実定法）には、何であれ従えという結論が導かれる。

†49　Schneewind（†37）210-11.

13　理性の役割分担——ヒュームの場合

本書5「「見える手」から「見えざる手」へ」に登場したデイヴィッド・ヒュームは、一七一一年四月二六日、エディンバラで生まれた。彼が二歳のときに亡くなった父親も、母方の祖父も法律家であった。一〇歳で現在のエディンバラ大学に相当するタウンズ・コレッジ（Town's College）に入学する。学業を終えたヒュームは法律の勉強を始めるが、自分には向いていないと考えるに至り、哲学の研究に専心する。[†1] 一七三四年にはブリストルに赴いて商家の事務員を務めたが数カ月でそれも辞め、フランスに旅立つ。

ヒュームは、父の遺産に頼る暮らしに相応しい場所として、物価の安いアンジューのラ・フレーシュ（La Flèche）に落ち着いた。デカルトが学んだイエズス会の学校のある町である。彼はこの地で『人間本性論 *A Treatise of Human Nature: Being an Attempt to introduce the experimental Method of Reasoning into Moral Subjects*』を書き上げた。一七三九年と四〇年に三巻に分けて刊行されたこの本の売れ行きは芳しくなかったが、[†2] 今日に至るまで、ヒュームの哲学者としての名声を支えている。

ヒュームの哲学は、因果関係（causation）の分析によって広く知られる。彼に先行する哲学者たち――ホッブズ、クラーク、ロック――は、あらゆる存在の発端には原因があるという因果原則（the Causal Maxim）を支持していた。

ヒュームは、因果原則を基礎付けようとする彼らの試みは失敗していることを指摘する。特定の存在を発生させる原因がなければ、すべては静止したままであるとか（ホッブズ）、発生させる原因がなければ、存在はそれ自身を原因とすることになり不条理であるとか（クラーク）、原因なくして発生する存在は無から発生することとなり不条理であるとか（ロック）という議論は、すべて因果原則を暗黙の前提としており、証明すべき結論を先取りしているにすぎない。[†3]

ヒュームによると、因果関係について考えるとき、人はAという事象がBという別の事象に常に先行していることを過去の経験から知り、そこからAは原因であり、Bは結果であるという信念を抱く。たとえば炎があるところには常に熱があることを人は過去の経験から学び、炎が熱の原因である（熱は炎の結果である）と考える。ビリヤードのボールPに別のボールQが衝突すると、Pが運動を始める事象も同じで、Qの衝突が原因でPの運動が結果だと考える。

こうした信念の背景にあるのは、自然界は不変にして同一の因果関係によって支配されているとい

*

う「自然の斉一性 the uniformity of nature」の前提である。しかし、因果関係の存在は、理性によって確定できるものではないというのが、ヒュームの結論である。一見したところ、極端な懐疑論にコミットしているかのようである。しかしここでは、ヒュームが「理性 reason」ということばを、現代のわれわれが想定するよりかなり限られた意味で用いていることに注意が必要である。彼によると、理性とは推論の働きであり、それは二つに区分される。論証的推論 (demonstrative reasoning) と蓋然的推論 (probable reasoning) である。[†4]

論証的推論は、抽象的な観念相互の関係を分析する。数学や論理学の証明がその典型である。すべての人が死ぬという観念とソクラテスは人であるという観念から、ソクラテスは死ぬという結論が論証的に推論される。論証的推論の場合、その結論の否定は矛盾であり、不条理となる。

他方、蓋然的推論は、過去の経験にもとづく事実に関する分析であり、その結論を否定しても不条理とは言えない。今まで見たことのあるカラスがすべて黒かったとしても、黒くないカラスが当然存在しないことになるわけではない。

因果関係の存在は論証的推論によって結論付けられることはない。AとBという二つの事象の因果関係が過去の経験から推測されるとしても、その結論を否定したからと言って、矛盾や不条理に陥ることはない。自然が斉一でないことは、理論的には十分にあり得る。[†5]

他方、蓋然的推論によって因果関係の存在を結論付けることもできない。過去の経験からAが存在すれば必ずBが存在すると蓋然的に結論付けるには、自然の斉一性を前提してかかる必要がある。つまり、自然の斉一性は蓋然的推論の帰結ではなく、その不可欠の前提である。したがって、蓋然的推論が因果関係の存在を結論付けることはない。[†6]

今まで経験した限りでは自然は斉一であった、だから今後も自然は斉一であろうと蓋然的に推論することもできない。この推論自体、自然の斉一性を前提に組み込んでいる。結論を先取りした循環論にすぎない。かくして、因果関係の存在を理性によって確定することはできない。論証的推論によっても、蓋然的推論によっても。[†7]

*

それでも人は日々、因果関係に関するさまざまな信念にもとづいて社会生活を送っている。自然は斉一だと信じて行動する。それはなぜかと言えば、「習慣 custom or habit」のせいだとヒュームは言う。[†8]

特定の行動を繰り返していると、同じ行動をさらに続ける性向が人には生まれる。毎日髭を剃っていると、その後も毎日髭を剃るように。それは理性や悟性の働きによるものではなく習慣の効果である。それは人の本性（human nature）のあらわれである。自然は斉一である、Aがあるところ Bが生ずるという信念にもとづいて繰り返し行動していると、そうした信念と行動がさらに繰り返される。

この説明は、自然の斉一性の前提を理性にもとづいて説明するものではない。論証的推論でもなければ、蓋然的推論でもない。原因とされる観念が心に思い浮かぶと、結果とされる観念も連続して心に思い浮かぶという、われわれの想念（imagination）における観念の結びつきが出来上がるという話にすぎない。[†9]しかし、われわれはこの説明で満足せざるを得ないのだとヒュームは結論付ける。経験にもとづく将来の推論のすべては、理性の帰結ではなく、思考の習慣の帰結である。[†10]

そしてこの思考の習慣によってこそ、人々は過去の経験を有益に活用することができる。過去に起こったのと同様の事象の連なりが、将来も起こるであろうと想定して行動をとることができる。もしこの習慣がなければ、人々は、今の瞬間の目前の事実以外には、事実について何も知ることができないであろうし、目的と手段の関係について、自分たちの能力をいかに用いるかについても、無知のままであろう。[†11]

ヒュームは、理性的推論の導くところならどこまでも突っ走る非常識な人ではなかった。自然科学の有用性を認め、生活実感の範囲内に踏みとどまる良識を備えていた。[†12]

*

ヒュームのそうした姿勢は、彼が懐疑論（scepticism）を扱う場面においても見られる。彼はいくつもの種類の懐疑論を論じている。たとえば、人は外界の存在、外界における事物が連続して（つまり、知覚されない間も）存在することを疑わないし、事物に関する知覚は事物そのものの姿を示している（あるいは少なくともそれと似ている）と信じている。しかし、人が得られるのは知覚だけである。白くて硬いテーブルの知覚はたしかに存在する。しかし、だからと言って、白くて硬いテーブルが外界に現に存在し続けているという結論を理性にもとづいて推論することはできない。[†13]

実際、テーブルは離れると次第に小さく見え、近づくと大きく見えるが、現に存在する（はずの）テーブルの大きさは人との距離に応じて異なることはないはずである。知覚が現実のテーブルと似ている保証はない。そして、経験はこの際、全く頼りにならない。われわれの心に与えられているのは、知覚のみである。知覚と現実の事物との関係について、経験は何も教えない。

われわれの知覚が現実の事物の姿と全く似ていないかも知れないという可能性に気付くことは、外界の事物自体、存在しないかも知れないという可能性に気付くことである。われわれの知覚が外界の事物に由来しているという観念を、論点を先取りすることなく、蓋然的にでさえ帰結する推論はあり得ないため、知覚によって構成された信念——外界は存在しており、われわれの知覚は外界の事物と似ているという信念——が真である蓋然性も、それに伴って低下する。

＊

別の懐疑論の例としてヒュームは、論証的推論と蓋然的推論との垣根を破壊する議論を提示する。論証的推論は、数学的証明がそうであるように、観念相互の関係に関する推論であって、確実な結論を示すと考えられている。「Aは左翼である」が真であれば、「Aは右翼である」は偽である。人が左翼であると同時に右翼であることはあり得ない。

しかし、論証的推論で機能している理性は、実は推論の原因であり、結論はその結果だと考えることもできる。そうだとすると、論証的推論は実は因果関係に（つまり習慣に）支配されており、結局のところ確実な結論を導くものではない。せいぜい蓋然的な結論を導くにすぎない[†14]。

蓋然的な結論にすぎないのであれば、それがどれほど信頼に値するかは、程度の問題となる。ある蓋然的結論（c_1）がどの程度信頼に値するかに関する結論（c_2）の信頼の程度は、c_1が蓋然的結論にすぎないことを勘案すると、c_1の信頼の程度より低下してしかるべきである。さらにc_2がどの程度信頼に値するかに関する結論（c_3）の信頼の程度は、c_2が蓋然的結論にすぎないことを勘案すると、その信頼の程度はより低下するであろう。

こうしたメタレベルの蓋然的推論を積み重ねていけば、当初は鮮烈な印象を与え、信頼度の高かった結論であっても、最終的にはきわめて不鮮明な印象のみを与える観念となり、ついには信頼の程度はゼロとなる。推論は無限に積み重ねることが可能な一方、鮮烈さの程度には限りがある[†15]。

懐疑的な理性的推論をとことん推し進めると、結局のところは理性の根拠そのものを破壊することになる。かと言って、理性的推論を全否定することもできない。そんなことをすれば、訳の分からない矛盾と混乱に満ちた信念にもとづいて生きていかざるを得ない[†16]。どうすればよいのだろうか。

*

ヒュームはこうした数々の懐疑論を発見した末、まずは「憂鬱と混乱 melancholy and delirium」に陥ったと述べる。[†17] しかし、こうした心理状態は持続不能である。落ち着きを取り戻し、日々の活動をし、鮮烈な知覚を得ることを通じて、ヒュームは次に、「反発と怠惰 spleen and indolence」の状態に至った。ややこしい懐疑論の探究を放棄し、芝居を見物し、友人たちと食事や会話やゲームを楽しむ生活を送る。そうした楽しい時間を過ごした後で哲学に戻ると、それは面白みがなく、不自然でばかげたものに思えたと彼は言う。[†18]

しかしヒュームは、哲学の探究を放棄することはできなかった。続いて彼は、どのような場合に哲学的探究の成果に従うべきかを考えるようになる。彼は、「理性が快活（lively）で、しかもある性向（some propensity）と調和するときには、それに従うべきだ。そうでないならば、理性にはわれわれを支配する権限はない」との原則を立てた。[†19]

理性の導くところ、どこまでも突っ走るべきではない。ヒュームは、道徳的な善悪の根本は何か、統治の本質と基礎は何か、人を駆り立て支配する情熱や性向の原因は何かといった問題関心を捨て去ることはできないこと、そして人類一般の知的向上に貢献しよう、自身の考案と発明を通じて名声を得ようとする野心を捨てることはできないことを改めて確認する。[†20] 理性に権限を与える「ある性向」

は、彼の場合、こうした探究心と野心に即したものである。[21]彼の懐疑論は、極端に走らない、穏和な懐疑論であった。[22]

＊

知覚から生まれると誰もが考える観念がある。色や音や味や形や触り心地などがそうである。ヒュームはそれに加えて、美醜や善悪の観念も知覚から生まれると考えた。「美的感覚 sense of beauty」から美醜の判断が生まれ、「道徳感覚 moral sense」から善悪の判断が生まれる。美的感覚や道徳感覚が感じ取るのは、つまるところは快楽と苦痛である。美しいものから快楽が得られ、醜いものが苦痛を与えるように、美徳からは快楽が得られ、悪徳は苦痛を与える。快楽を与えるものは是認され、苦痛を与えるものは非難される。[23]

ヒュームは、善悪の判断は理性にもとづくものではないとする。彼はいくつかの理由を述べる。第一に、道徳は行動や好悪の感情に影響を与えるが、理性にそうした働きはない。道徳は感情をかき立て、行動を生み出したり阻止したりするが、理性にそうした能力は全くない。[24]

第二に理性は、ある観念が、他の観念との関係や事実との対応関係において、真か偽かに関する信念を生み出す働きである。しかし、行動やそれを生み出す情念や意思は、真であったり偽であったりはしない。行動・情念・意思は、理性と矛盾もしなければ合致もしない。[25]

第三に、道徳的判断は論証的推論の対象にも、蓋然的推論の対象にもならない。論証的推論の基礎となるのは、類似（resemblance）か、反対（contrariety）か、質の程度（degrees in quality）か、数量の割合（proportions in quantity and number）かの四つの不変の関係だけである。道徳的判断はいずれの関係にも当たらず、論証的推論の対象とはなり得ない[†26]。

そして、道徳的判断は事実に関する蓋然的推論の対象ともならない。

美徳や悪徳が、理性によってその存在を推論し得る事実ではないことを証明することに、果たして困難があり得るだろうか。不道徳な行為をどれであれ、採り上げてみよう。たとえば故意の殺人。すべての観点からそれを考察するとき、あなたが悪（vice）と呼ぶ事実または実在を発見することができるだろうか。いかなる方法によろうとも、あなたが発見し得るのは、情念、動機、意思、そして思考である。それ以外に何の事実もない。あなたが外界の事実を考察する限り、悪を完全にとり逃してしまう。あなたが悪を発見し得るのは、あなた自身の胸中を省みて、非難の情（sentiment）を見出すときだ。それは事実だ。しかしそれは感覚（feeling）の対象であって、理性の対象ではない。それはあなた自身内部の事柄で外界には存在しない。だから、あなたがある行動や性格を邪悪だと言うとき、あなたが意味しているのは、あなた自身の性格のつくりからして、それらを考えるとき非難の感覚や情を抱くということだけである[†27]。

ヒュームは、道徳的判断があらゆる意味で事実に関する判断ではないと言っているわけではない。人はその道徳感覚を通じて、善悪を判断することができる。それは事実に関する判断である。しかし、それは道徳感覚による判断であって、理性による判断、つまり論証的推論や蓋然的推論による判断ではない。

彼が、is や is not という命題から ought や ought not という命題を導くことはできないと言うとき、彼が言わんとしているのも、そのことである。[†28] ヒュームは、世の道徳学説を読むと必ず、神の存在とか人間生活に関する事実の言明から、突然、is や is not という繋辞ではなく、ought や ought not を用いる言明が現れて驚かされると述べる。

こうした微細な変化は気付きにくいが、しかし決定的な帰結をもたらす。ought や ought not を用いる言明は、全く新たな関係をあらわしている。それがなぜ、is や is not を用いる言明から推論され得るかが説明されてしかるべきであるが、世の道学者流はその点に注意を払おうとはしない。つまるところ、

美徳と悪徳の区別は……理性によって知り得るものではない。[†29]

こうして見ると、この論点に関するヒュームの議論を、普通そうされているように、事実と規範の峻別論としてまとめることが、いかにミスリーディングであるかが分かる。道徳問題に関する規範的

判断も、ヒュームにとっては立派な事実判断である。

ただ、それは道徳感覚によって得られるものであって、理性によって得られるものではない。外界の事物の存在が五感によって判断されるのと同様である。しかし、そこで言う理性の意味内容は、論証的推論と蓋然的推論に限定されている。理性によって判断できないからと言って、訳の分からない判断を闇雲にしても構わないとか、判断の適否の区別がつかないとかということにはならない。

因果関係は理性によっては確定し得ないとか、道徳的判断は理性にもとづくものではあり得ないというヒュームの論述を読むとき、彼の「理性」の観念が、現代のわれわれのそれより、相当に限定されていたことをまず理解する必要がある。われわれが「理性」の中に含めがちな良識的判断、ある行為をするにあたって十分な理由があるか否かを判断することは、ヒュームにとって「理性」にもとづく判断ではない。

*

「理性は情念の奴隷であり、そうでしかあり得ない」[†30]という彼の言明の理解についても、同様の注意が必要である。理性は論証的推論と蓋然的推論からなる。これらはおよそ、何らかの行動の原因となることはないし、行動への意思を生じさせることもない。

理性が情念と対立し、情念を抑制することがおよそできないというわけではない。情念の発端が誤った事実認識にあるとき、または、情念によって駆り立てられる行動が、目的と手段について誤った前提に立脚しているとき、理性はこれらの誤りを指摘して、情念を抑制すること、そうした行動を起こそうとする意欲を消し去ることができる。

こうした誤りがなければ、「かりに指を掻くよりも全世界の破滅を望んだとしても、自分の全く知らない人間の些細な不安を取り除くために自分自身の破滅を選んだとしても、それは理性には反しない」[†31]。

しかしだからと言って、ヒュームはそうした途方もない選択を推奨しているわけではない。理性とは対立しないと言っているだけである。そうした選択を抑制することができるのは、生きることへの愛、子どもたちへの情愛、善への欲求、悪への嫌悪といった冷静（calm）な情念であり、理性ではない。冷静な情念は、情念ではあるものの、感情の動揺を伴わないため、理性と混同されがちである[†32]。

途方もない選択を抑制する理性的判断とわれわれが呼ぶものは、ヒュームによれば、冷静な情念にもとづく判断である。われわれは、理性の扱いに習熟するとともに、冷静な情念を涵養する必要がある。冷静な情念はそう教える。

注

†1　ヒュームは、哲学および学問一般以外のことがらを追求することすべてに乗り越え難い反感を覚えたと、晩年述懐している（David Hume, 'My Own Life' in David Hume, *Essays Moral, Political, and Literary* (Eugen

F Miller ed, Liberty Fund 1987) xxxiii)。

†2 ヒューム自身は、『人間本性論』が不首尾に終わった理由は、その内容（matter）よりは文体（manner）に、そして出版を急ぎすぎた点にあると考えていた（ibidem xxxv）。

†3 David Hume, *A Treatise of Human Nature*, vol 1（David Fate Norton and Mary J Norton eds, Clarendon Press 2011）56-57 [Book 1. Part 3. Section 3. Paragraphs 4-7: hereafter 1.3.3.4-7]。

†4 Ibidem 81n [1.3.9.19n].

†5 Ibidem 61-62 [1.3.6.1-5].

†6 Ibidem 63 [1.3.6.7].

†7 Don Garrett, *Hume*（Routledge 2015）174-78.

†8 David Hume, *An Enquiry concerning Human Understanding*（Tom L Beauchamp ed, Clarendon Press 2000）37 [Section 5. Paragraph 5: hereafter 5.5]; see also Hume（†3）72 [1.3.8.10].

†9 Hume（†3）65 [1.3.6.14-16]. 観念（idea）は、印象（impression）——外界の事物の知覚および愛情や怒りのような感情を含む——から、印象に対応して生まれる（ibidem 9 [1.1.1.7]）。心に直接に浮かんだ印象を、時間が経って思い浮かべると、その鮮烈さが弱まり、観念となる（ibidem 67 [1.3.7.5]; see also David Hume, 'An Abstract of a Book lately Published; Entitled, *A Treatise of Human Nature*' included in Hume（†2）408 [Paragraphs 5-6: hereafter 5-6]）。観念はすべて印象から生まれる。別の言い方をするなら、ヒュームは生得の観念はないと考えた。

†10 Hume（†8）37 [1.5].

†11 Ibidem 38 [1.6]; see also Hume（†9）410-12 [15-21].

†12 フランク・ラムジーも、因果律を前提とする通常人の形式論理には還元し得ない合理的（reasonable）な見解について論ずる際、一般的な心の習慣（habit）の存在を指摘する。「人の心は本質的には、一般的なルール

あるいは習慣にもとづいて機能する」(Frank Ramsey, *Philosophical Papers*（DH Mellor ed, Cambridge University Press 1990）90)。本書2で紹介した、普遍命題に関するラムジーの態度を参照。

†13 Hume（†8）113-15 [12.8-12].

†14 Hume（†3）121 [1.4.1.1].

†15 Ibidem 122 [1.4.1.6]. ヒュームによれば、信念（belief）があるとは観念に活気がある（lively）こと、つまり鮮烈（vivacity）であることを意味する（ibidem 124 [1.4.1.11] and 138 [1.4.2.41]）。

†16 Ibidem 174 [1.4.7.7].

†17 Ibidem 175 [1.4.7.9].

†18 Ibidem.

†19 Ibidem 176 [1.4.7.11].

†20 Ibidem [1.4.7.12].

†21 Garrett（†7）229.

†22 Ibidem 206-07. 外界の事物の存在さえ理性によって基礎付けることはできないというヒュームの懐疑論は、ヨハン・ゲオルク・ハーマン（1730-1788）をはじめとするドイツの反啓蒙主義者たちに、啓蒙主義と戦う格好の武器を提供した。食事をとる際の卵や水の存在さえ、理性ではなく信念（Glaube）によって基礎付けるしかないのであれば、なぜ神や奇蹟の存在を信じない理由があるのかというわけである。この点については、Isaiah Berlin, 'Hume and the Sources of German Anti-Rationalism' in his *Against the Current*（Henry Hardy ed, Princeton University Press 2001）参照。

†23 Hume（†3）303 [3.1.2.3] and 368-69 [3.3.1.8-9]; see also David Hume, 'A Letter from a Gentleman to his Friend in Edinburgh' included in Hume（†3）429-30 [Paragraph 37].

†24 Hume（†3）294 [3.1.1.6].

†25 Ibidem 295 [3.1.1.9].
†26 Ibidem 298 [3.1.1.19].
†27 Ibidem 301 [3.1.1.26].
†28 Ibidem 302 [3.1.1.27].
†29 Ibidem.
†30 Ibidem 266 [2.3.3.4].
†31 Ibidem 267 [2.3.3.6].
†32 Ibidem 268 [2.3.3.8].

14　ヘーゲルからニーチェへ――レオ・シュトラウスの講義

レオ・シュトラウスがシカゴ大学で行った講義録が、近年次々と刊行されている。そのうち一九六五年冬学期の講義を再現した『政治哲学について *On Political Philosophy*』[†1]は、第五章と第六章で、歴史主義[†2]の思想潮流を代表するヘーゲルとニーチェに関するシュトラウスの理解を示している。以下はその概略である。

＊

いずれの時代の政治哲学者も、それぞれの主張が真実であると標榜してきた。しかし、さまざまな内容の政治哲学がいずれも真実であることがいかにして可能であろうか。アリストテレスの理論とジョン・ロックの理論とは異なる。両方が同時に真実であることは不可能であろう。一つの整理の仕方は、アリストテレスとロックは生きた時代が異なる、それぞれの時代に応じた政治哲学を彼らは述べたというものである（114-15）。

この問題に焦点を当てたのがヘーゲルである。彼によると、アリストテレスの哲学は彼の時代においては真実であり、ロックの哲学は彼の時代において真実である。彼に先行する哲学者はすべて、それぞれの時代に応じた真実を描いた。いずれの哲学もそれぞれの時代に応じた相対的な真実に過ぎない。[†3] これに対して、ヘーゲル自身の哲学は絶対的な真実である。その理由は、ヘーゲルは絶対的な時を生きており、その時に対応する哲学が絶対的な哲学であることにある（115-16）。

ヘーゲルが生きたのは一九世紀初頭のドイツであり、当時のドイツはキリスト教社会であった。ヘーゲルの読者、聴講者はみなクリスチャンであり、キリスト教が当然に真実の宗教であると考えていた。キリスト教には絶対的な時がある。復活の時、最後の審判の時である。それと同様に、地上の世界の歴史においても、絶対的な時がある。

キリスト教は異教の世界であるローマ帝国に出現し、中世においてヨーロッパ全体を覆う宗教となった。しかし、聖界と俗界の区別はあった。教権と王権とは異なり、聖職者と俗人とは区別された。

ヘーゲルはクリスチャンであるだけでなく、ルター派のプロテスタントである。プロテスタンティズムは、聖俗の区分を否定する。唯一神の下、あらゆるクリスチャンは平等であり、全員が聖職者である。[†4] 俗界を含めてこの世の全体がキリスト教化し、教会の権威は否定される。個人の精神の独立が宣言された結果、生起したのが宗教改革であり、宗教戦争であり、すべての法則は個人がその理性を自由に用いた末に認識したものに尽きるとする啓蒙であるが、さらに引き続いて生起したのがフランス革命である。[†5]

ヘーゲルによると、フランス革命は「すべての個人の尊厳」という根本原理に立脚する社会を創造した。それは、すべての人は神の似姿だという聖書の教えに対応している。[†6] 旧体制を暴力的に破壊して個人の尊厳に立脚する社会に変換したのが、フランス革命である。もっとも、革命は安定した統治体制を確立することができず、混乱を収拾するためにナポレオンが出現した。ナポレオンの統治も長続きはしなかったが、それでもヘーゲルによれば、それは人権を普遍的に承認する理性的国家のあり方を示したものである（116–17）。

すべての個人の尊厳を承認し、有能にして高潔な官僚機構により法にもとづいて運営される理性的国家の成立は、問題をすべて解決した。[†7] 正しい政治体制の確立という政治哲学の根本的課題は解決された。キリスト教は完璧に世俗の世界と一体化し、歴史はついに完結した。そうであるからこそ、歴史は理性の歩みであると言うことができる。アレクサンダー大王も、カエサルも、ナポレオンも、自分たちの行動が何をもたらすかを理解することなく、歴史の歩みを前に進めた。理性は歴史の背後で──表立ってではなく狡智によって──歴史を支配してきた。ヘーゲル流の神義論である。[†8]

ヘーゲルとその同時代人は、したがって歴史の歩みの頂点に立っていることになる。先行する哲学者たちは、どれほど偉大な哲学者であっても、決定的な真理を把握することができず、完全な知識を得ることはできなかった。正しい理性的政治秩序が現実に確立されてはじめて、哲学的真理を把握することができる。現実が完結していない以上、哲学も完全ではあり得ない。正しい社会の実現が完結してはじめて、現実を探求する哲学も完結し得る。正しい社会がいかにあるべきかを教えるには、哲学がやってくるのはいつも遅すぎる。ヘーゲル自身のことばを借りるならば、「ミネルヴァのフクロウは夕闇になって飛び立つ」(117)。[†9]

言い換えれば、人類の宵闇が到来したわけである。歴史の過程の絶対的頂点が到来した以上、もはやその後、人類にとって、新たな根本的な使命は残されていない(118)。偉人も英雄も出現することはない。残されているのは、樹立された理性的国家像が地球全体へと拡大していく過程だけである。

＊

ヘーゲルの哲学は歴史主義そのものではない。彼の生きた時は特権的な時であり、それに対応するヘーゲル哲学の絶対的真実性が主張されている。

ヘーゲルを含む従来の哲学者たちは歴史を完結した所与として後から理解したにとどまる、肝心なのは世界を変革することだと批判するマルクシズムも、[†10]人類がその実現を目指して闘争する歴史上の特定時点——共産主義革命の樹立と国家の死滅の開始の時——の絶対的特権性を主張する点で変わりはない(126)。その時に対応して歴史の真実のすべてを掌握したプロレタリアート階級に絶対的独裁の権利が付与される。

こうした、奇天烈でにわかには信じ難い特定時点の絶対性を取り除いたとき、残るのは、それぞれの時代に対応し、それぞれの時代で真実とされる哲学があるという相対主義テーゼである。歴史主義が生まれるのは、ヘーゲル後である。

歴史主義に代表される、あらゆる知、あらゆる理論の歴史的相対性を肯定する議論に対して、アーネスト・ネーゲルは次のような批判を加える。[†11]あらゆる知、あらゆる理論の真実性が歴史的に相対的なものでしかないとすれば、当の歴史主義そのものの妥当性も歴史的に相対的なものでしかあり得ないのではないか。あらゆる知の普遍的妥当性を否定する主張は、それ自体、普遍的妥当性を主張し得ないのではないか（127-28）。

シュトラウスは、ネーゲルの指摘には同意できるとするが、ネーゲルは歴史主義の危険性を過小評価しているとする（128）。ネーゲルによれば、普遍的に妥当するはずの科学的理論は、歴史的な知識に裏付けられている必要がある。しかし、歴史的知識は、所詮は選択的なものである。ある時点におけるあらゆる事実をことごとく知ることはできない。むしろ大部分の知識は意識の外にある。しかも、肝心な歴史的知識をいかに選択すべきかに関する普遍的原則は存在しない。つまり選択は恣意的にならざるを得ない（128）。

ネーゲル自身の科学哲学も、こうしたリスクにさらされている。科学に関する彼の議論全般は、因果性の原理（principle of causality）にもとづいている。しかし、現在の科学の立脚する因果性の観念は、特定の時点で近代科学の創設者たちがたまたま選択した観念であり、論理必然の観念ではない。因果性の原理を科学によって論証することはできない。それは前提されているだけである。科学者たちが追求する目標は、論理的に見れば恣意的な選択である。[†12]現在の科学がもたらした膨大な成果を根拠に、この恣意的な選択を正当化することはできない。それは科学から排除されるべき価値判断である（129)。

科学はそれ自体の価値を科学的に論証することができない。ネーゲルが懸命に弁証しようとする科学の妥当性も、はなはだあやふやなものである。科学が妥当な学問のあり方だという観念自体、特定の歴史状況に対応したものでしかあり得ない。

*

伝統的政治哲学の直面した問題――正しい社会秩序とは何かという問題に対して、なぜ多くの対立する哲学理論が提示されるのか――に対するヘーゲルの答えは、歴史の過程は理性的なものであり、それは絶対的頂点へと前進していく段階的過程であり、その絶対的な時点に絶対的真理が顕現し、それはもはやその後の理論によって超克されることはないというものであった。

ヘーゲルに続く世代の哲学者は、ヘーゲルの歴史理解を拒絶した。歴史は完結しておらず、完結することはあり得ない。歴史自体に何ら進歩の原理や到達目標はない。したがってそれは理性の過程ではない。われわれは、次に来るものが何かを知ることはない。

歴史は進歩の過程だと言うこともできない。その時々の世代には、固有の評価の規準があるからである。われわれの知全体が、それを支える根本原理を含めて時とともに移ろい、根底的に変化する。

あらゆる認識・価値・規範は、それぞれの時代にとって有意義であり、妥当するに過ぎない。こうした見方――歴史主義――を明確に示したのが、フリードリヒ・ニーチェである（130）。

シュトラウスはまず、ニーチェの「歴史の使用と濫用について」を取り上げる。[†13] ニーチェがこの論文で説いているのは、人間が文化と言い得るものを創造し得るのは、疑う余地のないものとして特定の思考と行動の原理――世界観――にコミットした場合に限られることである。時とともに走馬灯のように変転するさまざまな世界観を通観する客観的歴史学は、歴史の過剰と繁茂により生を押しつぶし、そうしたコミットメントを不可能にする。生ではなく、死をもたらす。あらゆる価値を否定するニヒリズムが帰結する。

あらゆる思考原理、あらゆる行動原理が変転し、いずれは死滅することを客観的に記述する歴史学は、傍観者の学問であり、それ自体はいかなる原理にもコミットすることがない。そのため、過去のいかなる時代の思考原理、行動原理をも根底から内在的に理解することがない。傍観者は本当の主体となることができない。[†14]

あらゆる思考と行動の原理が相対的な妥当性しか持たないという客観的真理からわれわれが汲み出すべきなのは、あらゆる世界観、あらゆる生き生きとした文化は、人間が主体的に作り出したものだということである。過去において人々は、疑うべからざる客観的真理にコミットしていると信じ、その閉ざされた地平において、未来へ向けてさまざまな文化を創造した。[†15]

知の歴史的相対性に気付いた、歴史意識を獲得した現在のわれわれの使命は、われわれの文化の土台が客観的真理であるとの幻想にとらわれることなく、それが相対的・主観的なものに過ぎないとの正確な認識の下に、それでもあえて自らの描く未来を創造することである。創造であることを意識した主体的創造に意味がある。

そのためには、膨大な歴史全体を通観するのではなく、むしろ自身の視野を狭め、特定の世界観・価値観に、生を根本的に支える地平としてコミットし、その実現に努める必要がある（130-31）。

シュトラウスは、『ツァラトゥストラ』第一部の「千の目標と一つの目標」を引用する。[†16]

> そしてツァラトゥストラは、地上に、善と悪以上に大いなる力を認めなかった。いかなる民族もまず評価を下すことなしには生きることができなかった。しかし、自分たち自身の存続を望むなら、彼らは隣人たちと同じように評価することはできない。ある民族にとって善とされることの多くは、別の民族にとっては侮蔑と恥辱である。かくして私は見た。ここで悪と呼ばれるものは、かなたでは高く称揚される。ある民族が隣の民族を理解することはない。隣人の妄想と邪悪さに心から驚くばかりである。
>
> 善の銘板（Tafel）がすべての民族の頭上に掲げられている。……それは、その民族の力への意思が発した声である。……まことにわが兄弟よ、ある民族にとっての困難と風土と隣人とを認めるならば、彼らの征服の原理となぜ彼らがこの梯子を登ろうとするかをも理解できるだろう。

ツァラトゥストラは、ギリシャ人、ペルシャ人、ユダヤ人、ゲルマン人の善の目標を列挙していく。[17]

「常に第一人者であり、他に抜きんでよ。妬み深い心で友のみを愛せ」

「真理を語り、弓矢を巧みに使いこなせ」

「父母を敬い、魂の根源にいたるまで彼らの意思に従え」

「忠誠を実践し、忠誠のためならばたとえ邪悪で危険なことにさえ、名誉と血を賭けよ」


かつて民族は、自分たち自身の価値の創造者であった。それと知らずに各民族は自分たちにとっての善と悪とを創造した。しかし、それが意識されたとき、呪文は解ける。自らの創造の所産である相対的・主観的な価値になぜコミットする必要があるのか。それが意識されたとき、民族は価値の創造者であることをやめ、かわって個人が出現する。[18]

はじめは、もろもろの民族が創造者であった。後になってはじめて個人が創造者となった。個人そのものがごく最近の所産なのだ。

価値体系の創設者が変われば、価値体系も変わる。歴史上の特殊性を乗り越え、人類としての普遍的な一つの目標が設定されるためには、先行するすべての（千もの）価値体系の相対性を見通す個人

――ツァラトゥストラ――が現れる必要がある。ニーチェの言う「一切の価値の転換 Umwertung aller Werte」である（132-33）。

断片に過ぎない個々の民族や文化の違いを超えて出現した人類は、価値を、世界を、生を根底的に支える地平そのものを創造する。それ自体としては意味も価値もない自然と事実に、人は自ら意味と価値を与える。そうして創造された世界の他に、物自体の「真の世界」はない。しかも人類は自らが作り出した価値世界を超克しようとする。超克への努力は、永劫にわたって、無限に繰り返されるべきものとして措定される。無限に繰り返し創造される円環として、この世界は肯定される。[†19] そこにあるのは、ニーチェが「力への意思 Wille zur Macht」と呼んだもの、[†20] 高みを目指して超克する意思である。

現にあるものを超克し、それを転換しようとする「力への意思」が歴史を突き動かす。それは、現にある世界に欠陥があるためではない。そうだとすれば、歴史は理性的過程へと堕してしまう。ここには、重大な困難があるとシュトラウスは言う。ニーチェの到達した「力への意思」、それはニーチェ自身の力への意思のあらわれであろうか。むしろそれは、人類の歴史全体を通じて変わることのない、乗り越えられることのない客観的真理とされているのではないか。「神の死」によって全面的に否定されたはずの永遠に変わらぬものが、裏口から密輸入され、それを認識した時点が絶対的な時――大いなる正午――とされているのではないか。[†21] そもそも、歴史を超越した尺度を措定することなしに、何が超克であるかをいかにして判定し得るのか。[†22] 結局彼は、自己超克を中断して根拠の定

かでない形而上学に陥ってはいないか。そもそも、力への意思がすべてだとなぜ断言し得るのか。[†23]

ポスト・ニーチェの時代、われわれの時代の課題は、彼の形而上学に陥ることなく、彼の歴史理解を保持すること、歴史的相対性を認識しつつ、未来へ向けて自らを投げかけていくことである。実存主義と呼ばれる哲学がそれであると、シュトラウスは言う(133)。[†24]

＊

ヘーゲル後の哲学は、ニーチェの説くような、特定の世界観・価値観を土台として未来の創造を呼びかけるプロジェクトとは限らない。それは、悪くすれば既存の普遍的――キリスト教的――道徳を全否定し、民族固有の「善」の実現を遮二無二目指すファシズムへと堕する途でもある。[†25] 他方で、多様な世界観・価値観の存在を事実として認め、その公平な共存を目指すプロジェクトも考えられる。

シュトラウスは、価値多元論への途をたどらない。それは価値多元論が、すべての人間が何の価値に仕えることもなく、自分だけの小さな幸福に閉じこもり、等しく侮蔑の対象となる末人の世界を導くと想定されているからであろうか。[†26] 永遠に変わることのない価値秩序があり、それを目指して探求を進めるべきことは、シュトラウスにおいては、論証抜きに前提とされている。[†27]

ヘーゲルからニーチェへ、ニーチェからハイデガーへというシュトラウスの描く経路は、それしかあり得ないという自然の経路ではない。それは、個々の思索者の力への意思の帰結である。歴史上の特定の時点で、たまたま特定の個人が創造した特定の思想である。それでも、シュトラウスの描く百花繚乱の思想絵図は、実存主義に限らず、コミュニズム、ニヒリズム、ファシズムを源に遡ったときどこへたどり着くかを示してくれる。[†28]

二一世紀初頭の世界が直面しているのは、人類としての一つの普遍的理念が衰退し、民族ごとに何が善で何が悪かを主観的に決定する事態への退行ではないか。自分たちの価値観の歴史的相対性を意識することさえないナイーヴなポピュリズムが世界各所で渦巻いているかに見える。忘れられた思想のポテンシャルを改めて思い知らされる。

注

†1　Leo Strauss, *On Political Philosophy: Responding to the Challenge of Positivism and Historicism* (Catherine H Zuckert ed, University of Chicago Press 2018). 以下、本文中の丸括弧内の数字は、同書の頁数を示す。

†2　歴史主義に対するシュトラウスの見方は、拙著『神と自然と憲法と——憲法学の散歩道』（勁草書房、二〇二一）12「レオ・シュトラウスの歴史主義批判」で取り扱っている。

†3　ヘーゲル『法の哲学』序文の言い回しを借りるならば、「誰もがその時代の子」である（GWF Hegel, *Grundlinien der Philosophie des Rechts* (6th edn, Suhrkamp 2000) 26）。

†4　ヘーゲルによれば、「プロテスタンティズムには教義の独占的受託者たる聖職者は存在せず、したがって俗人も存在しない」（Hegel（†3）425［§270］）。

†5　GWF Hegel, *Vorlesungen über die Philisophie der Geschichte* (14th edn, Suhrkamp 2021) Vierter Teil.

Dritter Abschnitt: Die neue Zeit.

†6　それは同時に、現象（phenomenon）と本体（noumenon）とを峻別するカント哲学と唯一の実体は神であるとするスピノザ哲学とを統合してもいる（Leo Strauss, *On Hegel*（Paul Franco ed, University of Chicago Press 2019）22-23）。現象を認識する主体は物自体にほかならず、それはとりも直さず唯一の実体でもある。ヘーゲルが『精神現象学』序文で喝破するように、「実体は本質的に主体として自らを現す」（GWF Hegel, *Phänomenologie des Geistes*（15th edn, Suhrkamp 2020）39）。

†7　ヘーゲルにとって、万人に平等に保障されるべき権利は、参政権を含んでいない（Hegel（†5）534-35; see also Strauss（†6）353）。

†8　「われわれの［歴史］探究は、その限りで一つの神義論（Theodizee）である」（Hegel（†5）28）。神義論については、拙著（†2）10「スピノザから逃れて——ライプニッツから何を学ぶか」参照。

†9　ヘーゲル『法の哲学』の序文末尾に現れることば（Hegel（†3）28）。フクロウは知を司る女神ミネルヴァ（アテネ）の使い。なお、ヘーゲルの歴史哲学は、拙著（†2）13「アレクサンドル・コジェーヴ——承認を目指す闘争の終着点」に登場するが、そこで扱われているのは、あくまでコジェーヴの解釈した、マルクスと抱き合わせのヘーゲル哲学である。コジェーヴの言う、平等な市民によって構成される普遍的かつ同質的な国家は、ヘーゲル自身の言う理性的国家とは異なる。

†10　マルクス「フォイエルバッハに関するテーゼ　11」マルクス／エンゲルス『ドイツ・イデオロギー』廣松渉編訳・小林昌人補訳（岩波文庫、二〇〇二）二四〇頁。

†11　See Ernest Nagel, *Structure of Science: Problems in the Logic of Scientific Explanation*（2nd edn, Hackett 1979）500. シュトラウスは、一九六一年刊の初版を引用しているが、関連する箇所において、内容の変化はない。アーネスト・ネーゲル（1901-85）は、科学哲学者でコロンビア大学教授。シュトラウスの講義では、実証主義を代表する哲学者として扱われている。

†12 See Nagel（†11）324.

†13 フリードリヒ・ニーチェ「生に対する歴史の利害について」『ニーチェ全集4 反時代的考察』小倉志祥訳（ちくま学芸文庫、一九九三）所収。See also Leo Strauss, *Natural Right and History* (University of Chicago Press 1953) 26.

†14 生を押し殺す傍観者は歴史学には限られない。価値判断を拒絶する科学一般がそうであろう。

†15 その典型は自身の立場の特権的・絶対的真理性に固執するヘーゲルとその追随者たちである。ニーチェは、次のように言う。「ヘーゲルにとっては世界過程の頂点と終点は彼自身のベルリンにおける現実存在において合致していたことになる。そうだ、彼はこう言わざるをえなかったのであろう、私のあとからやって来るすべての事物は本来的には世界歴史的な回旋曲（ロンド）の音楽的な一つの付加曲（コーダ）と評価されるべきだ、より本来的には余計なものと評価されるべきだ、と……一九世紀の高慢過ぎるヨーロッパ人よ、汝は狂っているぞ！」（ニーチェ（†13）一九九頁および二〇五頁）。

†16 『ツァラトゥストラ』手塚富雄訳（中公文庫、一九七三）を参照している。

†17 シュトラウスは別の講義録で、民族ごとに異なる基本的価値秩序という考え方は、「法loi」を付与することで民族それ自体を新たに形成する「立法者législateur」というルソーの観念にすでに予示されていると言う。See Leo Strauss, *On Nietzsche's Thus Spoke Zarathustra* (Richard L Velkley ed, University of Chicago Press 2017) 59; see also Jean-Jacques Rousseau, 'Considerations on the Government of Poland' in his *The Social Contract and Other Later Political Writings* (Victor Gourevitch ed and trans, Cambridge University Press 1997) 180-82.

†18 個人の出現に関する説明は、Strauss（†17）61-63によって補っている。

†19 永劫回帰に関する説明は、Strauss（†17）74-75 and 245によって補っている。超人を目指す人類の創造性には、永劫回帰する世界によって画される客観的限界がある。何でもありの無限の相対的未来が開かれている

わけではない（性差や貴賤の別のような自然なヒエラルキーがあるとするニーチェの道徳観は現代流に言えば politically incorrect に保守的である）。限界を画す措定が、永劫回帰のテーゼである。このテーゼからすると、過去に起こった、もはや動かし得ないかに見える事実も、やはり意思によって創造されたものである（ibidem 150）。過去を動かし得ないものとして悔しがったり、過去に対して仕返ししようとするのは的外れである。未来へ向けられた意思は、過去にも向けられている。創造されたものはいずれ崩壊するが、それにもかかわらず、意思は永劫に循環する終わりなき世界の創造へと向かう（ibidem 155）。われわれに必要なのは、この謎に満ちたヴィジョンを進んで受け入れる勇気である（ibidem 169）。

†20　『ツァラトゥストラ』第二部「自己超克」。

†21　See also Strauss（†17）131-35 and 244.

†22　Ibidem 140. そのさらに先には、永劫回帰のテーゼが控えている。

†23　フィリッパ・フットは、ニーチェはすべてを見通したという自身の幻想の犠牲者だと言う。See Philippa Foot, *Virtues and Vices* (Oxford University Press 2002) 94 and also her *Natural Goodness* (Clarendon Press 2001) 112-13.

†24　ハイデガーについては、拙著『神と自然と憲法と』（†2）14「シュトラウスの見たハイデガー」で取り扱っている。ハイデガーは、永劫回帰を受け入れない。人間存在の由来は謎のまま残される（Strauss（†17）190-91）。

†25　シュトラウスは、ニーチェとナチズムとの関係は、ルソーとジャコバン独裁との関係に似ていると言う。ルソーもニーチェも、ナチやジャコバンによる彼らの思想の歪曲を非難したであろう。しかし、ルソーなくしてジャコバン独裁はなく、ニーチェなくしてナチズムはなかったはずである。See Strauss（†17）101.

†26　古代ローマで言われた「パンとサーカス」であり、現代流に言えば、ピザの宅配とスポーツ中継である。

†27　拙著『神と自然と憲法と』（†2）12「レオ・シュトラウスの歴史主義批判」参照。

†28　アルベール・カミュもニーチェの真摯な読み手であった。一九六〇年一月二日、カミュが自動車事故で死亡したとき、遺品のブリーフケースの中には、『最初の人間』の草稿とともに、ニーチェの『愉しき学問』があった。See Robert Zaretsky, *A Life Worth Living: Albert Camus and the Quest for Meaning*（Harvard University Press 2013）88–89.

あとがき

マックス・ウェーバーは戦後の日本で、おそらくは西側社会全体でも、社会科学者のモデルと目されてきました。方法論に関する彼の重要な論稿に「社会学と経済学における『価値自由』の意義」があります。この論稿の冒頭で彼は、学問上の認識と実践的価値判断とは論理的に区別されるとする一方、大学教育の場で、教師が実践的価値判断を表明することが許されるかは、それ自体、実践的価値判断の問題であって、科学的に結論が得られるものではないと言います（事実の認識については、少なくとも原理的には、科学的に結論が得られることは当然の前提です。何が事実かもSNS上の多数決で決まるというポスト真実の二一世紀とは違いますから）。

学問上の認識と実践的価値判断との区別は、Sein と Sollen の区別として語られる論理的な問題ですが、教育現場で、両者の関係をどのように扱うべきかという実践的問題については、論者の実践的立場に応じて、また社会状況に応じて、さまざまな回答があり得るというわけです。

法律学に関して問題をさらにややこしくするのは、同一の言明が、人の行動を方向づける規範としても、また、そうした規範を認識し記述する命題としても働くことです。「Aの行為は窃盗だ」という言明は、一箇の認識であると同時にAはそんなことはすべきではなかったという評価も示しています。実践的関心と無関係な法学上の概念はそうそうないでしょう。法学の世界で、認識と評価を整然と区別することは至難の技です。

同様の事態は、経済学が描く純粋な市場モデルについても起こります。市場モデルは現実とかけ離れた前提にもとづく理念型で、社会の実態とそれとの距離を測ることで実態を分析するための道具立てです。しかし、現実にはあり得ないこの理念型をあるべき社会の「自然な」姿、実現すべき理想として扱う人々もいます。Sein を認識する道具であったはずが、思考の混乱の末に Sollen として祭り上げられます。

Sein と Sollen とが論理的に異質だという前提からは、Sollen について客観的な判断が不可能だという結論は出てきません。ウェーバーが価値について客観的な判断は不可能だと考えたのは、価値が多元的に分裂し、相互に激しく闘争する状況を前提としていたからです。宇宙全体を覆う一つの魔法が解けてしまった近代以降の世界では、「客観的」な価値判断はあり得ず、個々人が自ら特定の価値にコミットし、それによって世界を意味づけ、それぞれの価値観に彩られた世界像を自ら切り拓いていくしかないというわけです。人のあらゆる重要な活動は、いや全生涯は、自らの魂をもってする究極的な価値選択の連続だとウェーバーは言います。

価値判断は主観的な決断でしかあり得ないというこうした見方は——そうした決断へと立ち向かう

自身の勇敢さにわずかな慰めを見出しているのかも知れませんが——その後、フランスの実存主義哲学へ、そしてオクスフォードの言語哲学へと伝播し、時代精神（Zeitgeist）となります。こうした見方がどのようにしてヨーロッパの地で生成したのか、本書に収められた論稿のいくつかは、その跡をたどっています。リベラリズム、立憲主義等、今日の世界で広く共有されている世界観は、客観的価値判断があり得ないという前提はとっていません（あり得ないとすれば、立憲主義を擁護すべきだとの結論も客観的にはあり得ないことになります）。しかし、価値が多元的に分裂し激しく対立するという事実を前提としてはいます。

ボシュエ、ロック、ヘーゲル、ヒューム、トクヴィル、ニーチェ、ヴェイユ、ネイミアなど本書で取り上げられたさまざまな論者の思想は、それぞれ特定の立場にもとづいた、他と相容れない、強烈な世界像・人間像を提示します。強烈な像に魅入られた人は、自分をそれと重ね合わせ、それに捉えられます。一つの像を捨て去っても、また別の像に捉えられ、像の向こう側にある現実を見失うこともしばしばです。ジョン・メイナード・ケインズが指摘するように、思想の力は、普通想定されているより、はるかに強力です。

思想は、それを描き出す主体が置かれた具体的状況の産物です。ウェーバーの上述の議論も、第一次世界大戦中にドイツの大学で社会科学を講ずる研究者が置かれた特殊な状況と切り離して理解することはできません（ですから、それを現在の日本に直輸入するわけにもいきません）。また、同じことばが使われていても、その意味合いが現在とは全く異なることもあります。それぞれの思想の淵源をたどり、その射程を測定することも重要です。本書に収められた諸論稿は、魅惑的なさまざまな思想をそれぞれ一貫させせたときに浮かび上がる姿とともに、それらがどのような具体的状況から生まれたものかも描こうとしています。

『神と自然と憲法と――憲法学の散歩道』と同様、本書の刊行にあたっても、勁草書房編集部の鈴木クニエさんと関戸詳子さんに行き届いたお世話をいただきました。篤く御礼申し上げます。

二〇二三年二月

Y・H

索　引

あ　行

アラン　160, 161, 164, 169
アリストテレス　12, 83, 84, 207, 208
イェリネク，ゲオルク　133, 134, 140
因果関係　71, 73, 192-194, 197, 202
ウィトゲンシュタイン，ルートヴィヒ　15, 18-20, 23, 27, 28
ウィリアムズ，バーナード　12
ヴェイユ，シモーヌ　157, 160, 169, 225
ウェーバー，マックス　223-225
オーリウ，モーリス　133

か　行

懐疑論　193, 195, 196, 198, 199
解散(議会の)　64, 121, 122, 124, 125, 172
科学的合理性　⇒　自己利益も見よ　143, 146-152, 154
価値一元論　53, 54
価値多元論　53, 59, 217
ガードナー，ジョン　153
カント，イマヌエル　1-5, 8-12, 153, 170, 219
共同体主義　7, 12
グロティウス，フーゴー　184
君主制原理　127-135, 139
ケインズ，ジョン・メイナード　15, 22, 29, 38, 225
結社　84, 85, 87, 88
ゲルバー，カール・フリードリヒ　129, 130, 139
コジェーヴ，アレクサンドル　219
国家法人理論　127-129, 131-134, 136, 138, 139
コント，オーギュスト　136-138, 141

さ　行

三段階説(学問の)　136, 138
自己制限　128, 131, 133, 134, 140
自己利益　⇒　科学的合理性も見よ　43-52, 85
事実と規範(Sein と Sollen)の峻別　201, 223
自然法　1, 178, 184, 188, 189
自治(地域共同体の)　82, 83, 85, 92
ジャコバン　84, 95, 105-107, 221
習慣　82, 164, 194, 195, 197, 204, 205
シュトラウス，レオ　141, 154, 207, 211, 213, 214, 216-221
シュミット，カール　8, 12
ジョーム，リュシアン　105, 107
神義論　209, 219
人倫　4, 5, 7-11
スピノザ　219
スミス，アダム　61, 65, 68, 70-73, 75, 76, 80

聖職者特権　119, 120, 124
生得観念　175-179
絶対主義　101, 102
全称命題　16-19, 26
専制　61, 62, 81, 83, 85-88, 101, 102, 185
ソクラテス　154, 193

た 行

代表　29, 40, 61, 86, 98, 99, 105, 106, 108, 128, 132, 133, 138-140, 173, 207, 211, 219
力への意思　214, 216, 217
定言命法　1, 2, 4, 11, 170
デュギ，レオン　138, 140
ドゥオーキン、ロナルド　53-60, 115, 141
トクヴィル，アレクシ　77-91, 225

な 行

ニーチェ，フリードリヒ　87, 207, 213, 216, 217, 220-222, 225
ネイミア，ルイス　29-38, 40, 41, 154, 225
ネーゲル，アーネスト　211, 212, 219

は 行

ハイデガー，マルティン　217, 221
バーク，エドマンド　41
バジョット，ウォルター　39
パース，CS　22, 27
ハート，HLA　43, 115
バーリン，アイザィア　31, 33-36, 39-41, 53, 59
ハリントン，ジェームズ　64, 70, 74
比較不能性(価値の)　10, 52, 56, 59, 137, 146, 153
樋口陽一　93
ヒューム，デイヴィッド　65, 68, 70-72, 75, 154, 168, 169, 191-196, 198, 199, 201-205, 225
フィニス，ジョン　65, 115, 116, 118, 123
プラグマティズム　27
フランス革命　77, 105, 208, 209
ブレイスウェイト，リチャード　16, 22, 26, 28
フロイト，ジグムント　28, 33-36, 40
プロテスタンティズム　5, 10, 80, 208, 218
ベーカー，ジョン　119
ヘーゲル，GWF　1, 2, 4-10, 12, 13, 108, 170, 207-212, 217-220, 225
ベーコン，フランシス　61, 63, 70, 74
ベンサム，ジェレミー　143, 153
ボシュエ，ジャック・ベニニュ　95, 96, 99-101, 103, 105, 110, 225
ホッブズ，トマス　79, 80, 99, 135, 140, 177, 184, 185, 189, 192

ま 行

マッキンタイア，アラステア　12
マルクス，カール　33, 34, 40,

219
丸山眞男　136
見えざる手　61, 70, 72, 73, 80, 191
美濃部達吉　127, 129, 132, 139, 140
宮沢俊義　132, 136, 141
モンテスキュー　61, 62, 73

ら　行

ラズ，ジョゼフ　43, 52-59, 115, 116, 120, 155
ラッセル，バートランド　22-24
ラーバント，パウル　129-133, 140
ラムジー，フランク　15, 16, 18-28, 204, 205
理性　1, 2, 6, 9, 11, 37, 51, 60, 81, 91, 99, 104, 160, 164, 178-184, 186, 188, 191, 193-203, 205, 208-210, 212, 216, 219
立法者　6, 7, 77, 83, 89, 178, 179, 220
ルソー，ジャン＝ジャック　79, 80, 83, 84, 91, 92, 220, 221
歴史主義　139, 207, 210, 211, 213, 218, 221
ロック，ジョン　171-175, 178, 179, 181-188, 192, 207, 208, 225

著者略歴

1956年広島市生まれ。東京大学法学部卒業。早稲田大学法学学術院教授、東京大学名誉教授。専門は憲法学。著書に『憲法と平和を問いなおす』（ちくま新書、2004年）、『憲法とは何か』（岩波新書、2006年）、『憲法の境界』（羽鳥書店、2009年）、『憲法の円環』（岩波書店、2013年）、『憲法の理性　増補新装版』（東京大学出版会、2016年）、『憲法の良識：「国のかたち」を壊さない仕組み』（朝日新書、2018年）、『憲法学の虫眼鏡』（羽鳥書店、2019年）、『法律学の始発駅』（有斐閣、2021年）、『憲法講話：24の入門講義〔第２版〕』（有斐閣、2022年）などがある。

歴史と理性と憲法と
憲法学の散歩道２

2023年４月28日　第１版第１刷発行

著　者　長《は》谷《せ》部《べ》恭《やす》男《お》

発行者　井　村　寿　人

発行所　株式会社　勁《けい》草《そう》書　房

112-0005　東京都文京区水道2-1-1　振替　00150-2-175253
（編集）電話　03-3815-5277／FAX　03-3814-6968
（営業）電話　03-3814-6861／FAX　03-3814-6854
堀内印刷所・松岳社

ISBN978-4-326-45128-9　Printed in Japan